DISCVSSION
EXACTE
DE TOVS LES TILTRES
& de toutes les Pieces de la Production du sieur
ROSLIN, Prestre, Chevecier-Curé de l'Eglise
de S. Mederic.

POVR SERVIR
DE FACTVM
AV SIEVR COCQVELIN,
Prestre, Docteur en Theologie, de la Maison &
societé de Sorbonne, aussi Chevecier-Curé de la
mesme Eglise.

A PARIS,
De l'Imprimerie de François Muguet, Imprimeur-
Libraire ord. du Roy, & de M. l'Archevesque,
ruë de la Harpe, aux Trois Roys.

M. DC. LXVII.

DISCVSSION EXACTE
de tous les titres, & de toutes les pieces de
la production du Sieur Roflin, Preftre,
Chevecier-Curé de l'Eglife de S. Mederic.

POVR SERVIR DE FACTVM
au Sieur Cocquelin, Preftre, Docteur en
Theologie, de la Maifon & Societé de
Sorbonne, auffi Chevecier-Curé de la mefme
Eglife.

'AFFAIRE des deux Curez de Saint Mederic paffera fans doute dans l'efprit de tous ceux qui voudront bien la difcuter pour une des plus fingulieres qui puiffent troubler la paix d'une Eglife confiderable. Il y a peu de perfonnes dans Paris de celles qui ont quelque curiofité de fçavoir ce qui fe paffe, qui n'en ayent entendu parler; le long-temps qu'il y a qu'elle dure, la chaleur avec laquelle elle s'eft pouffée en certaines occafions; les perfonnes qui ont bien voulu y prendre part, & la conduite de quelques-unes des parties ont permis à peu de monde d'ignorer que depuis une longue fuite d'années il y a eu des conteftations entre ceux qui ont occupé ces deux places; Mais ces mefmes raifons, & principa-

Pour répondre à la Cotte A du S. Roflin.

L'affaire des Curez de Saint Mederic eft une des affaires de Paris dont on parle le plus, & que l'on connoift le moins.

lement le long-temps qui s'eſt écoulé depuis la naiſſance de ces differens, & la difficulté qui ſe rencontre ordinairement, quand il s'agit de déveloper pluſieurs faits particuliers, qui ſe ſont paſſez en des temps éloignez, ont empeſché la plus part des perſonnes qui en ont entendu parler, d'en avoir une parfaite connoiſſance.

L'on peut dire meſme que juſques à preſent elle a eſté peu examinée par ceux qui avoient le principal intereſt de la bien connoiſtre, & peu diſcutée par les Iuges qui devoient la regler, qui ſe ſont contentez de donner quelques jugemens par proviſion, juſques à ce que la choſe eſtant parfaitement éclaircie, ils pûſſent la decider avec toute la connoiſſance qu'ils jugeoient neceſſaire.

Mais comme ces jugemens ne ſont pas deciſifs, il ſemble qu'au lieu d'apporter le remede, ils ont augmenté la difficulté, & ſoûtenant d'un coſté l'eſperance d'une élevation à laquelle on aſpire, & d'un autre coſté fortifiant la crainte que l'on a de ſe voir dans une oppreſſion que l'on croit injuſte ; ils n'ont ſervy qu'à porter les parties à prendre divers expediens pour reüſſir dans leurs differentes pretenſions.

Il eſt vray que s'ils n'ont pas apporté tout le remede neceſſaire pour appaiſer les differens, & ſi au contraire ils ſemblent les avoir augmentez, ils ont du moins ſervy à faire rechercher la verité des choſes avec plus d'application : Et ils auront par ce moyen contribué à mettre les Iuges en eſtat de prononcer avec plus de certitude, & d'eſtablir par le jugement definitif une paix plus ſolide.

C'eſt dans ce deſſein que le ſieur Cocquelin à preſent Titulaire de l'une des deux portions de la Cure de Saint Mederic, a pris reſolution de s'inſtruire luy-meſme du fonds des conteſtations qui ont eſté depuis prés d'un ſiecle entre ſes predeceſſeurs, & leurs Collegues : Et c'eſt ce qui l'a porté à s'en éclaircir autant qu'il l'a pû, afin d'en pouvoir donner une connoiſſance exacte à ceux qui doivent les terminer.

Il a crû que Dieu l'ayant appellé à cette place, ſa principale obligation eſtoit de travailler autant qu'il le pour-

roit à terminer des differens qui ſcandaliſent depuis ſi long-
temps les peuples d'une Egliſe conſiderable, & de luy procurer par tous ſes ſoins la paix qu'elle deſire, & qui luy eſt
abſolument neceſſaire: Il peut proteſter devant Dieu avec
ſincerité que c'eſt là ſon unique deſſein, qu'il ſe ſent dégagé de toute affectation pour le ſuccez, & que comme il a
examiné les titres dans la ſeule penſée de connoiſtre la ve-
rité ; il propoſera ce qu'il en a pû découvrir dans le ſeul de- *Il deſire un Ré-*
ſir d'avoir un Reglement qui donne la paix à l'Egliſe de *glement qui par*
Saint Mederic, & qui le mette en eſtat de vivre en bonne *la deciſion de*
intelligence avec ſon Confrere, & dans toute l'union & la *tous les diffe-*
paix qui doit eſtre entre deux Preſtres & Paſteurs d'une *rens qui divi-*
meſme Egliſe. *ſent depuis ſi*
long-temps les
Paſteurs de cet-
te Egliſe, le
Il ſe croit meſme obligé de proteſter qu'avant que d'en- *mette en eſtat*
trer dans la place où il eſt, il n'avoit jamais pris aucune *de vivre en paix*
part dans les affaires de Saint Mederic, qu'il ignoroit en *avec ſon Con-*
quoy conſiſtoient les differens des deux Curez de cette *frere.*
Egliſe, & qu'il ne connoiſſoit ſon Confrere ny de veuë, *Avant que*
ny de reputation ; qu'ainſi dégagé de toute prevention, il *d'entrer dans la*
n'avoit point d'autre penſée que de s'acquiter dans cét em- *Cure, il n'avoit*
ploy des fonctions d'un miniſtere auquel il ſe trouvoit en- *aucune con-*
gagé par l'ordre de la providence, ſelon les graces, & la *noiſſance, ny*
force qu'il eſpere de celuy de qui il croit avoir eſté appellé. *des differens, ny*
de ſon Confre-
re.

Mais ayant trouvé un procez que l'on inſtruit depuis
pluſieurs années & dans lequel il s'agit de regler toutes les
fonctions de ſon employ, il croit que toutes les perſonnes *Il n'a point ex-*
qui jugent ſainement des choſes, le trouveront également à *cité le trouble ;*
couvert du reproche d'avoir excité le trouble comme dans *toutes les conte-*
la neceſſité indiſpenſable de s'appliquer à le faire ceſſer. *ſtations eſtoient*
meuës ; mais il
Et comme il eſt perſuadé que les perſonnes de ſa profeſ- *s'eſt trouvé*
ſion ſont beaucoup plus obligées que le reſte des Chre- *dans la neceſſi-*
ſtiens de preferer les voyes d'honneur, & d'accommode- *té de s'appli-*
ment à celles d'une rigoureuſe juſtice, quoy qu'il ait trou- *quer à obtenir*
vé le procez diſtribué à Monſieur Benoiſe, & qu'il ſoit cer- *la paix.*
tain qu'un Arreſt n'euſt guere eſté plus long à obtenir dans *Il a trouvé le*
les formes, qu'une Sentence arbitrale : Il n'a neantmoins *procez diſtri-*
rien oublié pour engager ſon Confrere dans un compro- *bué à M. Be-*
mis ſolemnel. Et ayant eſté aſſez heureux pour reüſſir dans *noiſe, & n'a*
pas laiſſé de
preferer les
voyes d'hon-
neur & d'ac-
commodement.

Cotte **A.** ce premier deffein , & pour convenir avec luy de trois per-fonnes autant illuftres & autant éclairées qu'ils pouvoient defirer , il n'a plus fongé qu'à mettre l'affaire en eftat d'e-ftre au plûtoft terminée, autant que les obligations effen-tielles de fon employ, aufquelles il a effayé de ne pas man-quer, ont peû le luy permettre.

Il tâchera de conferver la charité dans la neceffité d'une jufte defenfe. Et comme il ne fe propofe que la paix , il fçait qu'il man-queroit à toute forte de devoirs non feulement comme Preftre & comme Pafteur, mais mefme comme Chreftien s'il la recherchoit aux depens de la charité, & s'il eftoit af-fez mal-heureux pour fe fouftraire à fes regles & à fes loix.

La charité n'engage pas à fouffrir toutes fortes d'inju-ftices. Ce n'eft pas que la charité engage à fouffrir indifferem-ment toutes fortes d'injuftices ; il y en a contre lefquelles elle oblige de fe parer ; il y en a qu'elle oblige de ne pas fouffrir , c'eft ce que les efprits foibles , & qui ne prennent jamais une jufte idée des chofes, ont peine à bien com-

Erreur affés commune. prendre : Quand ils lifent dans l'écriture que la charité eft benigne, qu'elle eft patiente, qu'elle fouffre, & qu'elle endure tout, ils fe perfuadent qu'elle deffend aux Chre-ftiens de refifter & de s'oppofer à tout ce que l'on voudroit faire contr'eux, ils ne fçavent pas que cette maxime de l'écriture eft fubordonnée à une regle plus generale , & plus univerfelle authorifée par la mefme écriture , qui eft de refifter à l'injuftice & de s'y oppofer pour le falut de ceux mefmes qui s'en offencent.

La charité a fes regles & fes loix. Cette charité a donc fes regles & fes loix,& felon ces re-gles il eft permis, & mefme on eft quelquefois obligé de fe deffendre ; principalement quand l'honneur , la gloire , le fervice de Dieu, noftre falut & celuy du prochain & le re-pos de plufieurs perfonnes fe trouvent joints à noftre def-fence ; il eft vray qu'il faut que ce foit toûjours avec mo-deration , & c'eft ce que l'on tâchera de faire dans la pre-fente inftruction que l'on fe croit obligé de donner à Mef-fieurs les arbitres & au public pour diffiper les nuages d'une prevention populaire, & pour refpondre à toutes les inductions du fieur Roflin & à bien des chofes que les partifans de fes droits pretendus , advancent tous les jours contre toute forte de verité.

On ne dira rien neantmoins de tout ce qui peut eſtre perſonnel, on s'abſtiendra meſme de tirer les rideaux du Sanctuaire de l'Egliſe de ſaint Mederic quelque advantage que l'on pût s'en promettre; on examinera ſeulement les actes & les titres neceſſaires pour l'intelligence des differens dont on attend la deciſion, & ſans s'arreſter à quantité de choſes que l'on pouvoit dire : on veut bien diſſimuler celles qui ſe ſont paſſées dans le particulier, & qui pour eſtre aſſez ſingulieres auroient peine à trouver creance.

Cotte A.
On paſſera ſous ſilence beaucoup de choſes dont on pourroit tirer avantage.

Mais avant que d'entrer dans la diſcuſſion des pieces produites par le ſieur Roſlin, on croit qu'il eſt neceſſaire de propoſer en peu de mots le ſujet des differents qui agitent depuis ſi long-temps l'Egliſe de ſaint Mederic en la perſonne de ſes Paſteurs.

Il s'agit donc de ſçavoir ſi l'un des deux Cheveciers-Curez de cette Egliſe eſt plus ancien que l'autre par antiquité de fondation, & de regler, quand bien meſme cela ſeroit, les droits, prerogatives, & préeminences qui pourroient luy appartenir en cette qualité.

Fonds de la queſtion & des differens dont il s'agit.

Le ſieur Roſlin marchant ſur les pas de ſes derniers predeceſſeurs, pretend eſtre PREMIER ET PLUS ANCIEN CHEVECIER; PREMIER ET PLUS ANCIEN CURE' DE FONDATION, & portant plus loin qu'eux le deſſein de s'élever au deſſus de ſon confrere, il ſoutient qu'il y a DEPENDANCE ET SUBORDINATION; entre les deux portions de la Cure de ſaint Mederic, & entre les deux Titulaires qui en ſont pourveus, il veut que ſon Collegue ſoit SON INFERIEUR, SON SUBALTERNE & à proprement parler SON VICAIRE, il pretend qu'il doit dependre de luy, & ainſi il s'erige en CHEF ET SUPERIEUR DE L'EGLISE DE SAINT MEDERIC, ſelon qu'il s'en explique luy-meſme preſque en toutes les pages de ſes eſcritures.

Pretentions du ſieur Roſlin. Toutes les pages de ſes eſcritures ſont pleines de ces termes SUPERIORITE', INFERIORITE', DEPENDANCE, SUBORDINATION, il ſe dit par tout PREMIER, CHEF, PLUS EMINENT, SUPERIEUR ET PREMIERE PERSONNE : On peut voir entr'autres les 8. 20. 42. & 60. feüillets de ſon inventaire.

Le ſieur Cocquelin dans la neceſſité de s'employer à terminer des differens qui durent depuis pres d'un ſiecle, qui troublent la paix de cette Egliſe, & qui empeſchent preſque tout le fruit que l'on pourroit faire dans ſon employ, s'eſt occupé à examiner l'affaire qui avoit eſté commancée

Cotte A.
Pretentions du
S. Cocquelin.
Les deux Che-
veciers-Curés
de faint Mede-
ric, n'ont
qu'un feul &
mefme Benefi-
ce.

par fes derniers predeceffeurs ; & apres s'en eftre inftruit par tous les titres qu'il a peu recouvrer, & principalement par ceux que fon confrere a produits, il fouftient que l'antiquité pretenduë de fondation, eft une fiction qui n'a aucun fondement, & que les deux Titulaires de la Chevecerie-Cure de faint Mederic ; n'ayant enfemble qu'un feul & mefme Benefice, ils doivent l'adminiftrer dans toute forte d'égalité, felon l'ordre de droit & felon qu'il a toûjours efté obfervé avant l'innovation qui a efté faite dans les derniers temps.

Conformement à ces differentes pretentions ils ont conclud differemment dans les requeftes qu'ils ont prefentées à Meffieurs les Arbitres, & leurs conclufions meritent d'eftre leuës.

Le fieur Roflin par fa requefte du dernier Decembre 1666. demande *d'eftre maintenu & gardé en poffeffion* (c'eft ainfi qu'il nomme l'ufurpation commencée par fes derniers predeceffeurs qu'il porte par ces prefentes conclufions au delà de tout ce qu'ils avoient peu imaginer) *de fe dire & qualifier premier & plus ancien Chevecier-Curé de fondation de ladite Eglife de faint Mederic, & que ladite qualité fera employée en tous les actes concernans les fonctions & droits de ladite Chevecerie-Cure,* defences au fieur Cocquelin de l'y *troubler n'y de prendre autre qualité que celle de fecond Chevecier,* en laquelle qualité de premier & plus ancien Chevecier-Curé, il foutient qu'il eft en poffeffion immemoriale, & luy appartient de faire *tout l'Office Canonial extraordinaire qui a de couftume d'eftre celebré en ladite Eglife par les Cheveciers avec les Chanoines, & Chapelains d'icelle* confiftant ledit Office Canonial extraordinaire à officier tous les jours de Feftes annuelles, de Patron, de Dedicace & autres aufquels felon l'ufage du Dioceze, l'Office appartient à celuy qui tient le premier rang dans chaque Eglife ; faire l'Eau-benite les veilles de Pafques & de Pentecofte, la Benediction des Cendres, le premier jour de Carefme, & l'Office du matin des Ieudy, Vendredy & Samedy de la femaine-Sainte, faire l'Office & porter le faint Sacrement en Proceffion le jour de la Fefte & de l'Octave, faire l'Office & tous les Saluts quand le faint Sacrement eft expofé,

Il demande
tout l'Office
Canonial à
l'exclufion de
fon confrere.

&

& en faire l'exposition toutes les fois qu'il est requis : faire les ouvertures des prieres de 40. heures & du Iubilé, celebrer la Messe solemnelle pour l'estection des Iuges Consuls, benir tous les Predicateurs ; conduire toutes les Processions ordinaires & extraordinaires, faire tous les Convois, Services & Enterrement lors que le Chapitre de ladite Eglise y est mandé, recevoir les Roys & Princes à leur entrée en ladite Eglise, avoir la premiere place & seance du costé droit dans le Chœur durant la celebration du Divin Office, presider en toutes les assemblées du Chapitre & de la communauté, prendre les voix & conclurre.

Et qu'en ladite qualité de premier Curé, il luy appartient pareillement de faire toutes les fonctions Curiales ordinaires & extraordinaires en sa semaine, & que deffences doivent estre faites au sieur Cocquelin, de s'y immiscer SANS SON CONSENTEMENT, *comme aussi de faire si bon luy semble l'Office Curial les Festes annuelles & solemnelles, celebrer les Messes du saint Sacrement & les Saluts, encore qu'il ne soit en semaine, lever les corps des deffunts, conduire les Convois, faire les Services & Enterremens, administrer les Sacrements aux Parroissiens en tout temps, lors qu'il en sera par eux requis,* EN ADVERTISSANT *ledit sieur Cocquelin lors qu'il sera en semaine habituer & deshabituer tous les Prestres de ladite Parroisse, conjointement avec ledit sieur Cocquelin, faire tous actes de superiorité dans le Convent des Religieuses de sainte Avoye dont le premier Chevecier-Curé de saint Mederic, selon qu'il le dit, est fondateur.*

Avoir la premiere place du costé droit lors qu'il assistera à la celebration de l'Office Curial.

Et la preseance aux assemblées tant des Prestres habitués de ladite Eglise, quand elles seront convoquées, qu'en celles qui se feront pour l'estection de Messieurs les Marguilliers & affaires de la Parroisse, & autres assemblées tant d'hommes que de femmes instituées pour des œuvres de pieté & necessité des pauvres de ladite Parroisse.

Et attendu qu'il n'y a (selon qu'il le pretend) *ny indecense, ny incompatibilité en la celebration de l'Office Curial & Canonial par une mesme personne en mesme jour, qu'il luy soit permis de commancer l'Office Canonial aux premieres Vespres & à Mati-*

Il pretend mesme l'Office Curial. Nouvelle distinction d'Office Curial en ordinaire & extraordinaire.

Il pretend administrer les Sacremens, mesme dans la semaine de son confrere EN L'ADVERTISSANT seulement, & que le sieur Cocquelin ne pourra la mesme chose que DE SON CONSENTEMENT & cette seule pretention aneantit entierement le Benefice du sieur Cocquelin.

nes, celebrer la *Meſſe de Parroiſſe* & dire le *Prône quand le jour y eſt diſpoſé*, laiſſer celebrer la *Meſſe Canoniale* par le ſecond *Chevecier* ou l'un des *Chanoines de ladite Egliſe*, ſi bon leur ſemble, ou à leur refus la faire celebrer par un *Preſtre qui ſera par luy prépoſé à cét effet* & continuer ledit *Office Canonial aux ſecondes Veſpres* & au reſte de l'Office.

Si ces concluſions eſtoient adjugées, il eſt aiſé de voir que non ſeulement la place du ſieur Cocquelin ne ſeroit pas celle d'un Curé mais qu'elle ſeroit moins que celle d'un Vicaire.

Les concluſions que le ſieur Cocquelin a priſes dans ſa requeſte qu'il a preſentée à Meſſieurs les Arbitres le 9. Fevrier 1667. & auſquelles il a renfermé toutes ſes demandes, ſont.

» Que deffences ſoient faites au ſieur Roſlin de plus prendre » & uſurper le titre & qualité de premier & plus ancien » Chevecier, de premier & plus ancien Curé de fondation » de ladite Egliſe de ſaint Mederic n'y d'employer ladite » qualité en quelque acte que ce ſoit, mais que tant ledit » ſieur Roſlin que le ſieur Cocquelin, feront nommez égale- » lement Cheveciers, Chanoines & Curez de ladite Egliſe, & » qu'ils en feront également & ſucceſſivement les fonctions » chacun alternativement de ſemaine en ſemaine, qu'il ſera » maintenu & gardé en poſſeſſion de faire l'Office Cano- » nial extraordinaire, qui a de couſtume d'eſtre celebré en » ladite Egliſe par les Cheveciers, avec les Chanoines & » Chappelains d'icelle & autres Officiers, conſiſtant ledit » Office Canonial extraordinaire à Officier tous les jours » des Feſtes annuelles, de Patron, de Dedicace & autres, » eſquels ſelon l'uſage du Dioceze, & ſelon l'ordre de droit

» l'Office appartient à celuy qui tient le premier rang dans » chaque Egliſe, preſider aux aſſemblées du Chapitre & de » la Communauté, prendre les voix & conclure, conduire » les Proceſſions dudit Chapitre, & generalement faire tou- » tes les fonctions Canoniales extraordinaires, lors qu'il ne » ſera pas en ſemaine pour les fonctions Paſtorales.

» Et qu'en qualité de Curé, il ſera maintenu & gardé dans » la poſſeſſion de faire l'Office de Parroiſſe alternativement

par ſemaine, & que deffences ſoient faites audit ſieur Rô- « *Cotte A.*
lin de s'y immiſcer ſans le conſentement du ſuppliant de «
quelque nature que ſe puiſſe eſtre, lever les corps des def- «
funts dans ſa ſemaine, ſoit que les Chanoines y ſoient ap- «
pellez ou non, conduire tous les Convois, faire les Ser- «
vices & Enterrements, benir les Predicateurs, faire l'Eau- «
beniſte les veilles de Paſques & de Pentecoſte ; la bene- «
diction des cierges, & des cendres ; l'Office du matin des «
Ieudy, Vendredy & Samedy de la ſemaine-Sainte, faire «
l'Office & porter le ſaint Sacrement le jour de la Feſte & «
de l'Octave, faire l'Office à tous les Saluts quand le ſaint «
Sacrement eſt expoſé, & faire les ouvertures, des prie- «
res de 40. heures & Iubilés, celebrer la Meſſe ſolemnel- «
le pour l'eſlection des Iuges, Conſuls, Obits & Services «
pour eux, conduire les Proceſſions de la Parroiſſe tant or- «
dinaires qu'extraordinaires, faire tous actes de ſuperieur, «
alternativement dans le Convent & Monaſtere de ſainte «
Avoye, dont les deux Cheveciers-Curez de ſaint Mederic «
ſont également fondateurs & ſuperieurs ; avoir la pre- «
miere place lors qu'il fera ledit Office Curial, ſoit au «
Chœur, ſoit à la Parroiſſe, & la preſeance dans ſa ſemaine «
aux aſſemblées tant des Preſtres habitués de ladite Egliſe «
quand il voudra les conuoquer, qu'en celles qui ſe feront «
pour l'eſlection de Meſſieurs les Marguilliers, pour affaires «
de la Parroiſſe & autres aſſemblées, tant de Meſſieurs de «
la compagnie du ſaint Sacrement, que des Dames de la «
charité & du bureau des pauvres, conformement aux «
Statuts & Reglements deſdites compagnies. «

Toutes leſquelles fonctions Paſtoralles, droits & prero- « Il ne pre-
gatives y joints, le ſuppliant declare qu'il ne pretend que « tend rien de
dans ſa ſemaine à la reſerve du droit d'habituer & deſ-ha- « la ſemaine
bituer les Preſtres, connoiſtre & regler leurs mœurs & « de ſon Con-
deportemens, les commettre aux offices & emplois de la « frere, que
Parroiſſe, examiner & entrer en connoiſſance de ce qui « de ſon con-
ſe paſſe à la Sacriſtie ; à quoy les deux Curés pourvoiront « ſentement
toûjours conjointement & de concert, comme à tout ce « & conjoin-
qui concerne la Parroiſſe de Belleville, dont ils ſont éga- « rement avec
lement Curez. « luy.

Cotte A. ,, Ce faisant qu'il soit ordonné qu'il y aura égalité entie-
,, re entre lesdits deux Cheveciers-Chanoines - Curez es-
,, dites qualités en toutes sortes de fonctions, droits, hon-
,, neurs, prerogatives, & preeminences, & que l'ancien de
,, reception n'aura que le pas & la preseance au Chœur &
,, assemblées capitulaires, ce que ledit sieur Cocquelin de-
,, clare ne vouloir point contester.

Les conclu-
sions du sieur
Cocquelin ne
vont qu'à esta-
blir une égalité
parfaite, con-
formement à
l'ordre de droit
sans vouloir
rien entrepren-
dre sur son
Confrere.

Lesquelles Conclusions dudit sieur Cocquelin prouvent que sa seule pensée est de conserver à son benefice une entiere égalité, selon qu'elle luy appartient par toutes les regles de justice & de droit.

Pour authoriser ces differentes Conclusions, le sieur R. produit quelques actes du Chapitre de Paris, & quelques Arrests du Parlement donnez seulement par provision.

Et le sieur Cocquelin produit plusieurs titres, & plusieurs actes authentiques, par lesquels il prouve une possession de plus de trois cens années, pour faire voir que c'est avec raison que ses predecesseurs ont interjetté appel de quelques actes du Chapitre de Paris, & qu'ils ont pretendu que la provision portée par les Arrests, ne peut passer en definitive.

Estat de la que-
stion, & des dif-
ferens dont il
s'agit, par rap-
port aux juge-
mens dont est
appel, & Ar-
rests de provi-
sions.

Il s'agit donc de sçavoir si les actes ou Sentences pretenduës dont est appel, doivent subsister, & si le jugement definitif qui interviendra, doit ordonner qu'elles seront executées, ou si sans y avoir égard, il doit mettre les choses dans toute l'égalité, qui doit estre entre deux personnes, qui se trouvent revestuës d'un mesme benefice.

Il est constant que ces sortes d'Actes ou Reglemens du Chapitre de Paris ne peuvent, & ne doivent subsister qu'autant qu'ils se trouveront juridiques & conformes au droit commun, aux titres veritables, & à l'usage qui les a precedez, & que s'ils ont esté donnez sans connoissance de cause, & contre tout ce qui avoit esté observé jusques alors, aussi bien que contre toute sorte de justice, & contre les formes, & les maximes de droit, ils ne doivent estre considerez que comme des pieces informes & de nulle authorité & que l'on ne doit y avoir aucun égard; en un mot, que le jugement definitif doit en corriger l'abus, & mettre les choſes dans l'eſtat que la juſtice & le droit ordonnent.

Cotte A.

Cette verité eſt ſi conſtante entre les parties, que le ſieur Roſlin s'efforce d'appuyer ces ſortes d'actes, & de jugemens pretendus par tout ce qui les a precedez, il reconnoiſt qu'*il eſt beſoin de remonter à la ſource, & de reprendre les choſes dans leur premier principe :* Et le ſieur Cocquelin employe auſſi pour les détruire tout ce qui s'eſt fait auparavant, auſſi bien que les maximes, & les regles du droit commun ; d'où il s'enſuit que ſi la juſtice, l'uſage, & les titres precedens s'accordent avec ces ſortes de Sentences, & Reglemens dont eſt appel, ils doivent paſſer en définitive, & que s'ils ont détruit tout ce qui les a precedez s'ils combattent toute ſorte de regles & de maximes, ils doivent eſtre declarez nuls & abuſifs, & le jugement que l'on attend, doit regler toutes choſes ſans y avoir égard, ſelon la juſtice & le droit des parties.

Les parties ſont d'accord qu'ils doivent eſtre conformes à ce qui les a precedé. Fol. 16.

C'eſt ſurquoy Meſſieurs les Arbitres pourront aiſément prononcer aprés avoir examiné les pieces produites, & on croit qu'il n'y a perſonne de bon ſens, qui aprés avoir veû les titres, les pieces, & l'uſage ſelon qu'il paroiſt inconteſtable par les productions, ne voye ſans beaucoup de peine ce que la juſtice & le droit demandent dans cette affaire.

On admirera ſans doute comment ceux qui doivent veiller à la conſervation des droits des benefices de l'Egliſe de Saint Mederic, ont pû contribuër à un changement auſſi conſiderable que celuy dont il s'agit, & comment il ſe peut trouver à preſent des perſonnes, qui aprés avoir veû les titres ont bien voulu dreſſer des concluſions auſſi exorbitantes, que celles que l'on a priſes, pour uſurper un benefice tout entier, dont on ne peut pretendre que la moitié.

C'eſt ce que l'on laiſſe au jugement de tous ceux qui voudront jetter les yeux ſur le preſent écrit.

Le ſieur Cocquelin avoit eû deſſein de dreſſer un Factum ſur les titres de ſa production, dans lequel il luy euſt eſté facile de faire connoiſtre la juſtice de ſes pretenſions ; mais il a trouvé la verité, qui eſt la baſe & le fondement de la juſtice, ſi fort dans ſon party, qu'il s'eſt contenté

Le ſieur Cocquelin a trouvé que la verité eſt ſi fort dans ſon parti, qu'il n'a point voulu donner au public d'autres preuves de ſes pretentions que la production de ſon Confrere.

Cotte A.

d'entrer dans la difcuffion de la production de fon Confrere perfuadé qu'il eft, qu'elle fuffira pour convaincre de fon bon droit toutes les perfonnes raifonnables, & qui ne fe font point laiffées preoccuper par des fables fans fondement, & par une ufurpation commencée dans les derniers temps, de laquelle les moins éclairez connoiffent l'injuftice.

Il n'a pas jugé devoir répondre dans le détail à l'inventaire de la production de fon Confrere ; il avouë qu'il auroit eu trop de peine, & pourquoy.

Il ne s'appliquera pas à répondre aux longs difcours de l'inventaire du fieur R. il avouë qu'il ne le pourroit faire fans peine.

Il n'eft pas aifé de répondre à deux fortes de difcours, les uns n'eftant compofez que de raifonnemens folides, qui tirent toute leur force de la verité des chofes que l'on y traitte, jettent ceux qui pretendent y répondre dans une étrange difficulté, qu'ils font affez connoiftre par l'embarras des paroles dont ils fe fervent pour couvrir leur foibleffe : Et les autres n'eftant formez que d'une foible apparence de raifon, & n'ayant que des paroles fans folidité, font fans doute fouffrir ceux qui voudroient bien ne donner de l'application & du temps qu'aux chofes qui en meritent.

Mais puifque l'ordre de la procedure veut que l'on examine les pieces de fa partie, & les inductions qu'elle en tire, quelques foibles que foient celles que le fieur R. a accumulées, pour appuyer les pretentions d'une ufurpation auffi extraordinaire que l'on puiffe guere en imaginer entre deux titulaires d'un mefme benefice, on ne laiffera pas de les examiner avec foin, & l'on effayera de le faire fuccinctement.

On fupplie ceux qui voudront bien lire la prefente difcuffion, de confiderer qu'il eftoit bien difficile de répondre plus fuccinctement à un inventaire qui contient 187. roolles d'écriture de compte, & à toutes les pieces qui y font énoncées.

Que fi l'on n'a pû fans peine examiner un difcours auffi foible, pour ne rien dire de plus, que celuy de l'inventaire du fieur R. on avouë que l'on a eu quelque fatisfaction de voir qu'il n'y a point de pieces dans fa production, ou qui ne foient inutiles, ou qui ne militent bien plus fortement pour le droit de fieur Cocquelin, qu'elles ne favorifent les pretentions de celuy qui les a produites ; & l'on ofe mefme avancer qu'il demeurera pour conftant par le prefent Contredit, que fa feule production fuffit pour prouver in-

vinciblement le contraire de tous les chefs qu'il essaye d'é- *Cotte A.*
tablir.

Ce seroit donc perdre le temps bien inutilement, que de vouloir répondre dans le détail à toutes les parties du long discours de l'inventaire de production du S. R. Il contient cent quatre-vingts-sept roolles d'écriture de Compte, & la plus grande partie de ces cent quatre-vingts-sept roolles est employée pour répondre à une Requeste de quatre ou cinq feüillets que le sieur Cocquelin a presentée dés le neuf de Fevrier, dans laquelle les personnes degagées de toute sorte de preoccupation, trouvent qu'encore que l'on n'eust pas eu beaucoup de temps pour s'instruire des differens qu'il faut regler, l'on n'a pas laissé de tracer une idée assez juste du fonds de l'affaire dont il s'agit.

La longueur du discours de cét ample inventaire en marque assez la foiblesse ; & le sieur Cocquelin pretend que les points principaux de sa Requeste sont demeurez en leur entier ; & qu'ils n'ont receu aucune atteinte par ce grand amas de paroles & de repetitions inutiles, dont on s'est servi pour les détruire.

Les chefs de la Requeste du sieur Cocquelin, à laquelle les Advocats du sieur Roslin ont entrepris de répondre, sont demeurez dans leur entier.

Mais pour renverser l'edifice mal basty de ce grand inventaire, il suffit d'en découvrir les fondemens, & pour faire voir l'inutilité d'un discours si ennuyeux, il suffit d'en examiner les preuves par la force de la raison, & de faire voir par le contredit naturel & veritable des pieces, sur lesquelles il est appuyé, la fausseté des inductions que l'on en tire, on tâchera mesme en disant les choses necessaires de ne pas exceder les bornes d'une juste deffence, & l'on ne s'arrestera point aux choses injurieuses, qui composent le plus grand ornement des écritures du S. R.

Il seroit mal-aisé d'imaginer jusqu'où l'emportement de ceux qui ont écrit pour le S. Roslin, les a poussez dans tous les actes qui ont esté signifiez en son nom.

Il y en a quelques-unes ausquelles il seroit assez avantageux de répondre, il suffiroit de les proposer, pour les faire tomber sur ceux qui les avancent, leur seule exposition produiroit tout l'effet que l'on pourroit souhaiter ; mais sans s'y arrester le S. Cocquelin croit estre suffisamment justifié par la maniere dont il a plû au S. Roslin de traiter M. du Hamel durant qu'il a esté son Collegue, & celle

Le S. du Hamel y est mesme mal-traité avec excez.

dont il continuë de le traiter encore à prefent, quoy que n'ayant plus rien à démefler avec luy , il femble qu'il pourroit fans fe faire tort garder quelque forte d'honnefteté & de moderation pour une perfonne, qui aprés avoir efté fon Confrere , eft maintenant fon Superieur , on croit qu'il pourroit fe paffer de juftifier & l'un & l'autre par la conduite également farouche qu'il tient à leur égard, & le fieur Cocquelin protefte que pour luy il reçoit avec beaucoup de fatisfaction les injures qu'il luy plaift de leur départir, foit en commun, foit en particulier. Il luy déclare mefme qu'il l'obligera , s'il veut continuër à le traiter de la mefme maniere ; & que comme c'eft la feule grace qu'il peut attendre de luy, fa feule application fera de joindre à la patience , dont le fieur du Hamel luy a donné l'exemple , tous les moyens permis , dont il eft obligé de fe fervir pour s'oppofer à l'ufurpation des droits de fon Benefice.

Mais pour commencer à entrer dans le fonds de l'affaire, on avouë que l'on a cherché , & l'on protefte que l'on n'a point trouvé dans toute cette ample production du S. R. aucun fondement, fur lequel il puiffe raifonnablement pretendre élever l'edifice d'une fuperiorité imaginaire ; au deffus de fon Confrere ; & qu'ainfi on n'a pû s'empefcher d'admirer comment il ofe la fuppofer par tout fans pouvoir la prouver,& pourquoy il veut bien avancer au feüillet

62. dudit inventaire qu'en 1650. *le fieur du Hamel commença contre fon propre titre à vouloir* ROMPRE LES CHAINES DE LA SVBORDINATION *& croyant avoir des talens & des avantages, à raifon defquels il eftoit digne de* PRIMER , *il chercha les moyens qui pouvoient fervir* A SA PASSION , *& à faire en forte de n'avoir plus de* PREMIER *ny de* SUPERIEUR.

L'on a auffi quelque peine à comprendre quelle utilité le S. R. a pû efperer, lors qu'il a dit fol. 79. verfo, *qu'il ne doute pas que le fieur Cocquelin n'ait fujet d'avoir une bonne eftime de fa propre perfonne, & qu'il ne foit perfuadé qu'il ne merite toutes les préeminences qu'il demande , que quelque avantageux que foit le jugement qu'il porte de luy-mefme, il ne peut pas fervir de regle pour les fonctions dépendantes des*

benefices

beneficès dont il s'agit ; & que ledit fieur du Hamel, prede-cefeur dudit Cocquelin, ne mefeftimoit pas non plus que luy les avantages de fa perfonne. On n'a pas moins de peine à concevoir ce que le S. R. a pû raifonnablement fe promet-tre, lors que pour répondre à une proteftation conceuë dans toute la moderation poffible, il a fait fignifier par une Requefte du 6. May 1667. *que cette proteftation témoigne* L'ESPRIT D'ENTREPRISE, dont il dit, que *fon Con-frere eft* POSSEDE', *le peu de candeur qu'il apporte à declarer la verité des chofes qui fe font paffées pour les tourner felon fon deffein, & les contradictions aufquelles il eft obligé de s'engager par la* PASSION AVEUGLE DONT IL EST PREOCCUPE', *de contefter audit S. Roflin tous les droits qui luy appartiennent: & lors qu'il adjoûte que fi ledit fieur Cocquelin n'eftoit extraordinairement* OCCVPE' DE L'ES-PRIT DESDITES ENTREPRISES, *dans lefquelles toute forte de refiftance luy eft infupportable; il auroit fujet de le remercier de fa* DOUCEUR, *& de fa* MODERA-TION.

Douceur & moderation dont le S. Roflin a trouvé bon de donner des preuves toutes extraordinaires en une infini-té d'occafions, & principalement dans la Requefte qu'il a prefentée à Meffieurs les Arbitres au fujet de la Proceffion du S. Sacrement, fignifiée le 21. Iuin dernier, & dans la-quelle entre plufieurs emportemens affez extraordinaires, il luy plaift de qualifier fon Confrere *d'homme* LE PLUS VIOLENT, ET LE PLUS ENTREPRENANT QUI FVT IAMAIS. Ces manieres de s'exprimer qui ne font rien au fonds de l'affaire, auffi bien que mille autres belles chofes, de cette force dont fes écritures font pleines, & dont il a fait part au public par un imprimé, font affez connoiftre l'efprit dont elles partent, & le peu de foin qu'ont eû ceux qui les ont faites, de demeurer dans les ter-mes d'une moderation honnefte, & de s'attacher unique-ment à la verité, qui feule peut donner quelque folidité aux pretentions dont il s'agit.

L'on prendra une conduite oppofée, & l'on témoigne-ra à M. R. la joye que l'on a de ce qu'il a commencé de

C

Cotte A.
Le ſieur Roſlin
a eſté obligé de
reconnoiſtre
quelques veri-
tés importan-
tes à la deci-
ſion de l'affai-
re, & peu fa-
vorables à ſes
pretentions.

reconnoiſtre quelques verités, auſquelles ſes predeceſſeurs & luy avoient juſques à preſent fermé volontairement les yeux ; Ils avoient ſouſtenu qu'un nommé Vitervilla environ l'an 1329. l'un des ſucceſſeurs de celuy qui
avoit eſté fait ſeul Curé en l'an 1219. ſous le titre de *Canonicus Plebanus*, avoit pris un Adjoint ou un Coadjuteur,
& ils avoient pretendu qu'ils eſtoient ſucceſſeurs de ce Vitervilla, & que leurs Collegues ne l'eſtoient que de ſon
Coadjuteur ; imagination chimerique qui n'a point d'autre fondement qu'une fable populaire qui demeurera de-
ſtruite par tous les titres de la production, meſme du ſieur
Roſlin ; & à laquelle il renonce ſuffiſamment, puis qu'il
eſt obligé d'advoüer qu'il eſt certain par un ancien regiſtre
de ſaint Mederic, dont il a reconnu la verité que dés l'année 1300. il y avoit deux Cheveciers Curez à ſaint Mederic.

Fol. 17. 27.
28. & 185. de
ſon inventaire.

C'eſt neanmoins ſur cette fable & ſur ce fondement
ruineux que ſe trouvera appuyé tout ce que le ſieur Roſlin
produit de plus favorable, pour ſouſtenir ſes pretenſions.

Fol 16.

Il a eſté auſſi obligé de reconnoiſtre contre ce qui avoit
eſté pretendu par luy-meſme & par ſes derniers predeceſſeurs ; que les ſept Chanoines de ſaint Mederic ont eſté
les ſept premiers Curez de ladite Egliſe ; & qu'ils faiſoient
les fonctions Curiales & Canoniales chacun dans leur
ſemaine, & ainſi il a changé de ſentiment, & il a heureu-
ſement varié dans ſes propres principes.

Fol. 10.

On ne prendra point ſujet de ces changements & de
quelques autres plus conſiderables ; qu'il ſçait bien que
l'on pourroit luy objecter de le traiter de CHAMELEON
& de PROTHE'E, ainſi qu'il fait le ſieur Cocquelin, en
le joignant avec le ſieur du Hamel, ſur quelques pretenduës differences, qu'il croit trouver entre les concluſions
priſes par ledit ſieur du Hamel en divers temps, & celles

Fol. 21.

dudit ſieur Cocquelin, on s'abſtient auſſi de faire vne application aſſez juſte de la MACHINE D'ARCHIMEDE,
*qui ne vouloit qu'un poinct hors du monde pour le tirer tout en-
tier à luy*, on laiſſe ſans regret à l'Autheur de ces belles
comparaiſons la joye de les avoir trouvées, & le fruit qu'il

peut raisonnablement s'en promettre : On se contente de bien esperer des premieres demarches que la verité fait faire au sieur Roslin, & l'on veut bien avoir assez d'estime de sa sincerité, pour croire qu'à mesure qu'elle se manifestera par les preuves invincibles qui resultent des actes & des pieces qu'il produit luy-mesme ; il voudra bien continuer à luy donner les mains.

On ne répondra rien aux raisons *tirées de l'ordre de la nature, des maximes ✔ de la politique & de l'establissement d'un seul chef dans l'Eglise, par celuy en qui reposent tous les tresors de la sagesse ;* quand il plaira à Monsieur Roslin d'entrer dans quelque petit éclaircissement sur les premiers elements de ces grandes matieres : Il ne sera pas bien difficile de luy faire voir ce que l'on peut raisonnablement en conclure par raport à l'Eglise de saint Mederic, & combien les consequences que l'Autheur de son inventaire en tire pechent contre toutes sortes de regles.

Réponses aux fins de non recevoir.

Mais pour commencer à répondre à ce que l'on advance touchant la fin de non recevoir ; le sieur Cocquelin soustient. *Primò,* Qu'elle ne se peut objecter à un titulaire que depuis le temps qu'il est pourveu de son Benefice ; car si une transaction ou un consentement expres ou positif d'un ou plusieurs titulaires, ne peuvent prejudicier aux droits de leurs successeurs, & ne peuvent changer l'estat d'un Benefice ; le silence le peut encore moins.

Secundò, L'invasion violente, & sans titre des droits d'un Benefice par qui que se puisse estre ne se prescrit jamais.

Tertiò, L'abus ne se couvre point par le laps de temps ; & ce qui est manifestement contraire à la verité & au droit commun ne peut jamais estre changé par la succession des années.

Quartò, Quand la matiere seroit sujete à Prescription, ce qui n'est pas, il est constant qu'il faudroit quarante années, parce que dans les matieres Ecclesiastiques, mesme entre deux Beneficiers ou deux Eglises, quand il y auroit transaction volontaire, il faut quarante ans pour prescrire, suivant la disposition Canonique, *toto titulo de præ-*

Cotte A.

scriptionibus, ce qui est encore plus precisément requis pour changer l'estat d'un Benefice, selon le chapitre *cum de Beneficio de Præbendis*. *In sexto ;* or il est constant par la production mesme dudit sieur Roslin, que Phanuel a contesté au moins jusques en Novembre 1610. que Monsieur du Hamel a commancé de se pourvoir contre les usurpations que l'on a voulu faire de ses droits dés le mois de Ianvier 1650. & que dés 39. années qui se sont écoulées dans ces entre-temps, il en faut oster depuis l'an 1616. jusques en 1631. que le sieur Houissier à reüny les deux portions ; puis qu'il est indubitable que les droits d'un Benefice ne se prescrivent jamais durant qu'il est vacquant, beaucoup moins durant qu'il est possedé par celuy qui a interest de le destruire, & par consequent point de Prescription.

C'est ce que l'on se contente de dire succintement pour répondre à tous les raisonnements de ce grand inventaire, & aux moyens qui y sont deduits contre la reprise du sieur Cocquelin, & les lettres de subrogation par luy obtenuës ; à quoy il adjouste autant que besoin est ce qui a esté cy-devant fourny pour réponse aux Actes d'opposition du sieur Roslin ; lesquels raisonnements & moyens contenus en l'inventaire dudit sieur Roslin, sont par luy employez sous la Cotte A.

Cotte B.

Sous la Cotte B, le sieur Roslin pretend prouver que *la Cure de saint Mederic ayant esté autrefois divisée en sept portions, fut reünie en 1219. & reduite à l'unité d'un seul titre & d'un seul titulaire, qui fut appellée* Plebanus, *& depuis* Capicerius, *& que cette reünion fut faite à condition que ce Benefice ne pourroit plus estre divisé,* ce qui a esté executé durant *plus de quatre vingt ans ; pendant lesquels il n'y a eu à saint Mederic qu'un seul Chevecier Curé, c'est son induction,* & pour la prouver il produit treize pieces.

Dans cette induction le sieur Roslin reconnoist qu'il n'y a eu qu'un seul Chevecier-Curé à saint Mederic, jusques en l'an 1300. ce qu'il est important de bien remarquer.

La premiere est, le Statut de l'an 1219. fait par les Doyen & Chapitre de Paris, contenant la reünion de la Cure en une seule personne, & l'union d'icelle faite inseparablement à une des sept Prebendes, expliquée par ces paroles : *Statuentes ad petitionem, illius Ecclesiæ Canonicorum & de communi assensu eorumdem,* ut Præbenda *quæ*

ſuit defuncti Henrici quondam Canonici dictæ Eccleſiæ & modo
eſt Stephani de ponte Præsbiteri ſucceſſoris ejuſdem, SEMPER
ET PERPETUÒ CONNEXA SIT PAROCHIÆ ET VICE
VERSA PAROCHIA PRÆBENDÆ ET CUICUMQUE
CONTULERIMUS ILLAM PRÆBENDAM CONFERIMUS
SIMUL ET PAROCHIAM NEC PRÆBENDA A
PAROCHIA; NEC PAROCHIA A PRÆBENDA
ULLATENUS POSSINT SEPARARI, ET QUICUMQUE
RESIGNABIT ALTERUM NECESSE ERIT RESIGNET
ET RELIQUUM *ſex alijs Canonicis illius Eccleſiæ à cura*
animarum Eccleſiæ penitus abſolutis.

Cotte B.

Termes de conſequence.

Cette piece conſtante entre les parties, peut donner
un grand jour à la deciſion de leurs differents; le ſieur
Roſlin l'a produite pour faire voir qu'il n'y a eu par cét
eſtabliſſement qu'un Curé à ſaint Mederic, & l'on en convient avec luy, il reconnoiſt que les Chanoines qui eſtoient
auparavant Curez furent par ce Statut déchargez du ſoin
des ames, & l'on en demeure d'accord, mais il veut en
induire que la Cure n'a pû eſtre diviſée en deux portions;
comme ſi cela eſtoit prohibé par les termes cy-deſſus ap-
portés, & l'on répond qu'il ſuffit d'entendre un peu de
Latin, pour concevoir qu'il n'eſt pas dit que la Prebende
& la Cure ne pourront eſtre partagées en deux portions;
& c'eſt neantmoins ce que l'Autheur de l'inventaire du
ſieur Roſlin, ſuppoſe avec autant de hardieſſe que de
fauſſeté, & il oſe meſme advancer, *fol. 23.* que *ce Statut*
porte en termes expres, qu'à l'advenir ladite Chevecerie-Cure ne
pourra eſtre diviſée, & neantmoins il eſt manifeſte que ce
Statut ordonne ſeulement que la Cure ne pourra eſtre ſe-
parée de cette Prebende; ny la Prebende de la Cure, en
ſorte que quiconque ſera reveſtu de cette Prebende le
ſera auſſi de la Cure, & quiconque ſera reveſtu de la Cure
le ſera pareillement de la Prebende; d'où il s'enſuit que
chaque Chevecier de ſaint Mederic eſtant reveſtu comme
par indivis de cette Prebende, dont ils ont chacun la moitié en toute égalité, ce qui n'a jamais eſté conteſté entre
les parties, il faut par vertu du meſme Statut qu'il le ſoit
auſſi, & de la Chevecerie & de la Cure en toute égalité.

Etrange ver-
ſion de ce Sta-
tut.
Fol. 18. 22.
23. & 53.
Elle ſera ſuivie
de quelques
autres qui ne
luy cederont
en rien.

Veritable in-
duction qu'il
faut tirer de ce
Statut, la-
quelle eſtant
invincible-
ment prouvée,
ainſi qu'elle le
ſera dans la

Cotte B.
ſuite, doit
ſervir de fon-
dement à la
deciſion d'une
égalité par-
faite.
Fol. 17.

Et comme par l'adveu meſme du ſieur Roſlin, *celuy qui a*
eſté inſtitué par ce Statut en qualité de CANONICUS PLE-
BANUS *ſe trouve vingt ans apres appellé* CHEVECIER *par un*
autre terme qui ne ſignifie que la meſme choſe, ſans qu'il y
ait eu d'autres titres pour l'erection de la Chevecerie, que
celuy de 1219. Il s'enſuit que le Chevecier n'eſt advantagé
de la preſeance & autres droits ou prerogatives ſur les autres ſix Chanoines, que par la charge de Curé qui luy eſt
accordée par ce Statut : donc par une ſuite neceſſaire la
Chevecerie en vertu de ce Statut doit eſtre partagée auſſi
également que la Prebende ; à laquelle elle eſt inſepara-
blement attachée.

C'eſt l'induction veritable qu'il faut tirer de ce Statut,
contre laquelle il n'y a pas de replique, & c'eſt pour cette
raiſon que la Chevecerie & la Cure dans tous les titres qui
ont ſuivy, ſont indifferemment priſes pour une ſeule &
meſme choſe.

La 2. la 3. la 4. & la 5e. ſont produites pour faire voir
qu'en ce temps ; c'eſt à dire depuis 1219. juſques en 1259.
il n'y a eû qu'un Chevecier-Curé à S. Mederic, & c'eſt de
quoy l'on veut bien convenir, quoy que l'on puiſſe obſerver qu'encore qu'il ne ſoit parlé que d'un Chevecier dans
quelques Actes, ce n'eſt pas une demonſtration qu'il n'y
en eût pas deux : Le ſieur Roſlin & ſes derniers predeceſſeurs s'eſtant trompez dans les temps ſuivans ſur des Actes
pareils ; dans leſquels il n'eſtoit parlé que d'un ſeul Chevecier, & neanmoins il s'eſt trouvé, & le ſieur Roſlin a
eſté obligé d'en demeurer d'accord, qu'il y avoit deux
Cheveciers dans ces meſmes temps.

Fol. 17. 27.
28. & 185.

La 6e. eſt un Statut du Chapitre de Paris de 1260. qui
charge la Chevecerie de ſaint Mederic de vingt livres pa-
riſis de rente envers les Clercs de Matines de l'Egliſe de
Paris, & non pas de cent ſols ſeulement ; ainſi que le dit
l'Autheur de l'inventaire du ſieur Roſlin, dans lequel Statut il eſt bon d'obſerver ces termes, *attendentes capiceriam*
ſancti Mederici ad noſtram collationem ſpectantem , IN TAN-
TUM IN REDITIBUS ET PROVENTIBUS ABUNDARE;
quod ex eis pro parte prædicto deffectui provideri valeat, ita

quod Status dictæ capiceriæ non lædatur ordinavimus & ordi-
namus quod post decessum magistri Philippi qui nunc capice-
riam tenet, capicerius qui pro tempore fuerit annuatim quatuor
terminis consuetis; & un peu plus bas, *quamdiu vero dictus*
Magister. Philippus vixerit & dictam capiceriam tenuerit nos
dictas viginti libras de nostro solvemus annuatim, on ne voit
pas bien ce que le sieur Roslin peut induire de cette piece
qui soit favorable à ses pretentions, & le sieur Cocquelin
en peut induire. *Primò,* Que le Chapitré de Nostre-Dame
reconnoist que la Chevecerie de saint Mederic est déja
trop forte pour un seul Titulaire, puis qu'il la charge
d'une somme qui estoit pour lors assez considerable ; ce qui
luy a donné lieu de la diviser peu de temps apres: C'est
pourquoy le bref du Pape qui confirme cette imposition,
dit que le Chapitre luy a exposé que les revenus de la Chevecerie estoient fort considerables, CUJUSQUE PRO-
VENTUS ADEO PINGUES EXISTANT QUOD
EX HOC NON MULTUM CAPICERIA IPSA LÆDATUR.

Secundò, Le sieur Cocquelin croit pouvoir induire que
si le Chapitre de Paris ne veut pas imposer cette charge du
vivant du Titulaire, à plus forte raison peut on croire qu'il
en ait fait la division autrement que durant la vacance ;
c'est dans cet esprit que le chapitre se charge mesme de
payer cette somme jusques à la mort du Titulaire ; enfin il
ne veut pas toucher à l'estat du Benefice, c'est à dire ny
violer les droits, ny diminuer les prerogatives ; & les advantages qui luy appartiennent.

La 7ᵉ. piece est un Statut de l'Evesque de Paris de la
mesme année qui approuve cette imposition faite par le
Chapitre de Nostre-Dame sur la Chevecerie de saint Mederic, & qui impose pareille charge sur la Cure de saint
Nicolas du Chardonnet.

La 8ᵉ. du mois d'Aoust de la mesme année est un bref
du Pape Alexandre IV. qui authorise cette imposition
sur la Chevecerie de saint Mederic, aux clauses & conditions portées par le Statut dudit Chapitre.

On ne voit pas bien non plus en quoy ces deux pieces
peuvent favoriser les pretentions du sieur Roslin ; mais on

croit en pouvoir fortifier les inductions tirées cy-deffus du Statut qu'elles confirment, & induire de plus que fi le Chapitre de Paris a creu avoir befoin de l'authorité de tous les Superieurs Ecclefiaftiques pour impofer cette charge fur la Chevecerie de faint Mederic, il n'aura pas entrepris d'en faire la divifion fans la mefme authorité.

La 9ᵉ. de 1271. tirée du grand Paftoral, eft un acte de vifite faite par le Doyen du Chapitre de Paris, & un autre Chanoine de Noftre-Dame dans l'Eglife de faint Mederic.

On ne voit pas bien encore à quel deffein le fieur Rô-lin l'a produite, fi ce n'eft comme beaucoup d'autres, pour groffir l'a procedure & faire parade de beaucoup de chofes inutiles, mais l'on fçait qu'elle s'accorde peu avec fes pretentions de fuperiorité fur fon collegue, & fur les au-tres Chanoines de faint Mederic, puis qu'il y eft fait def-fenfe expreffe aux Cheveciers de faire chanter à haute voix à l'Autel de Parpiffe durant que l'on fera l'Office dans le Chœur, & que l'on y celebrera foit haute, foit baffe Meffe.

On croit auffi en pouvoir induire que la Chevecerie eftoit en ce temps prife feulement pour la Cure, fans au-cune diftinction des deux qualités de Chevecier & de Curé; puis que cét Acte reglant les fonctions du Curé, à l'égard des Chanoines luy donne feulement la qualité de Chevecier; & c'eft pour en tirer cette induction que le fieur du Hamel l'a produite fous la Cotte E. de fon inven-taire.

Le fieur Cocquelin croit pouvoir en induire de plus comme de beaucoup d'autres Actes pareils, que fi le Cha-pitre de Paris en ce temps, eft entré dans une connoiffance auffi exacte & auffi particuliere qu'il fait dans ce Statut, par lequel il deffend de rire & de parler dans l'Eglife, s'il regle les heures & les temps aufquels les Chanoines doi-vent affifter à l'Eglife; & aufquels on doit fonner l'Office, & autres chofes qui font de la derniere difcuffion, per-fonne de bon fens; quoy que l'Advocat de Monfieur Rô-lin traite ce raifonnement de chimere & d'imagination, ne croira que la divifion de la premiere place & de la Cheve-

cerie

ceric en deux portions pour deux Titulaires se soit faite
sans l'authorité du Chapitre, personne asseurement ne
dira avec luy qu'IL FAUT CONCLURE QUE CE
PARTAGE N'A JAMAIS ESTE' CANONIQUEMENT
FAIT, QUE LES SUPERIEURS N'Y ONT POINT
APPORTE' LEUR AUTHORITE', ET QUE C'EST
UN ABUS QUI S'EST GLISSE' DANS SAINT MEDERIC
PAR TOLERANCE ET DISSIMULATION QUE
LA SUITTE DES TEMPS A COUVERT, ET QU'UN
DES TITULAIRES DE LADITE CHEVECERIE-CURE
A PRIS QUELQU'UN POUR L'AYDER EN UNE
PARTIE DE SES FONCTIONS; AUSQUELLES IL
NE POUVOIT VAQUER POSSIBLE POUR CAUSE DE
MALADIE, VIEILLESSE OU AUTRE INFIRMITE',
OU PAR QUELQU'AUTRE RENCONTRE QU'IL
SEROIT DIFFICILE PRESENTEMENT DE DEVINER.

Cotte B.

Admirable in-
certitude de
Monsieur Rô-
lin & de ses
Advocats,
touchant la
division de la
Cure de saint
Mederic, peut-
on bien s'ima-
giner que Mes-
sieurs les arb-
tres puissent
porter un ju-
gement precis
qui soit favo-
rable aux
pretentions du
sieur Roslin
sur des pensées
si frivoles & si
éloignées du
bon sens.

Mais pour montrer que quand le sieur Roslin & son
Advocat parlent de la sorte, ils devinent & ne raisonnent
pas; outre ce que l'on repondra dans toute la suite pour
detruire cette supposition chimerique, on oppose à ce
qu'ils advancent une Sentence arbitralle renduë par trois
Conseillers de la Cour, entre Messieurs du Chapitre de
Paris & les Cheveciers de saint Mederic du 5. Avril 1437.
dans laquelle Iacques Branlard l'un des Cheveciers de
saint Mederic, dit expressement que Messieurs du Chapitre ont divisé & partagé la Chevecerie-Cure de saint Mederic, durant qu'elle estoit vacante & destituée de legiti-
mes deffenseurs, & sans le consentement des autres Chanoines & Beneficiers de ladite Eglise, & aussi sans le consentement des Paroissiens d'icelle; & dans laquelle Sentence il est qualifié seulement l'un des Cheveciers; & les
deux Cheveciers sont nommez sans aucune distinction, il
est vray qu'il dit que ce fut aussi sans le consentement de
l'Evesque, mais quoy qu'il en soit du consentement de
l'Evesque que l'on peut soutenir n'avoir pas esté necessaire,
puis que le Chapitre avoit le pouvoir du Pape, il resulte
seulement de cette Sentence, & qu'en ce temps on ignoroit la fable d'un Coadjuteur qui eust esté choisi par un

D

Cotte B. titulaire, & que les deux Cheveciers font traitez en toute égalité, & qu'ils payoient également les charges, que l'on ne pretendoit aucune inégalité par la fondation, & que le partage a efté fait par les Supérieurs canoniquement, & durant la vaccance : ladite Sentence produite par production nouvelle fous la Cotte.

La 10. eft un extrait du petit Chartulaire de l'Eglife de Paris, d'une Sentence de l'an 1273. par laquelle l'Evefque de Paris, leve l'interdit par luy prononcé contre Gaufridus de Giem, Chevecier de S. Mederic, à caufe du refus par luy fait d'affifter au Synode Epifcopal.

Ce Gaufridus de Giem qui eftoit feul Chevecier en 1273. eft un autre que Henry de Giem, qui eftoit Chevecier en 1300. avec Reginaldus de Nigella.

Le S. Roflin l'a produite pour prouver qu'en ce temps, c'eft à dire en 1276. il n'y avoit encore qu'un Chevecier à S. Mederic, & l'on veut bien auffi en convenir avec luy.

La 11. eft une coppie collationnée à fon original d'un compulfoire fait l'an 1317. d'un Reglement de l'an 1276. du Chapitre de Paris entre ledit Gaufridus de Giem, où il eft feul nommé Chevecier, quoy qu'il fut queftion des droits de la Chevecerie, & de la Cure.

Le S. Roflin ne le produit que pour prouver la mefme chofe, fçavoir eft qu'en 1276. il n'y avoit qu'un Chevecier, & l'on declare encore que l'on veut bien en convenir avec luy ; mais il eft bon d'obferver que ce Compulfoire fait en l'an 1317. contient outre l'ordonnance du Chapitre de 1276. un autre acte de l'année 1355. l'ordonnance de 1276. porte un reglement entre le Chevecier, & les Beneficiers de S. Mederic, & le Chevecier y eft obligé de fon bon gré, & de fon confentement de donner quelque chofe aux Beneficiers, moyennant le foin qu'ils doivent prendre de fes droits, & des chofes de l'Eglife ; & dans l'acte de 1355. Chalop s'oblige pour luy, & pour Raoul de bon fens fon Collegue d'executer ladite ordonnance de 1276. & ce qui eft decifif contre le S. Roflin, c'eft que de la mefme façon que dans ledit acte le nommé Herveus ftipulant pour un autre Beneficier comme luy, c'eft à dire,

Entiere égalité marquée dès les premiers temps.

pour un Marguillier Clerc, il l'appelle fon Commarguillier : *Requirens idem Herveus, tam ſuo, quàm dicti* COMMATRICVLARII *ſui nomine* : De mefme Chalop fti-

pulant pour le Chevecier son Collegue, l'appelle son Conchevecier : *Pro parte verò dicti Guillelmi, tam suo, quàm dicti sui* CONCAPICERII *nomine fuit dictum ,* &c. &
plus haut il y a *conquerendo quod dictus magister Guillelmus,*
& dominus Radulphus boni sensûs CONCAPICERIVS
ejusdem Magistri Guillelmi.

Cét acte que M. R. nous fournit prouve manifestement
que l'égalité estoit entiere entre les deux Cheveciers, puis
qu'elle ne peut pas estre marquée par un terme plus signi-
ficatif, & pour ne laisser aucun lieu de douter de cette verité, le S. Cocquelin produit des actes en bonne forme,
par lesquels il demeure pour constant : *Primò*, que ledit
Raoul de Bonsens, que Chalop appelle icy son Conchevecier, a primé sur ledit Chalop dans une assemblée du Chapitre de Paris, à laquelle ledit de Bonsens, & Chalop com-
paroissent personnellement avec les autres Chanoines de
S. Mederic l'an 1350. *Secundò*, que le mesme Chalop a primé sur Pierre du Bourg successeur dudit de Bonsens ; & que
ledit Pierre du Bourg a primé sur Gregoire du Moulin successeur de Chalop, ce qui prouve une égalité parfaite dés
les premiers temps, qui ont suivy la division de la Cure ; &
le S. R. verra bien-tost que l'on deffend icy ses interests
plus qu'il ne pense.

Il paroist encore par ce mesme acte que ledit Chalop,
& de Bonsens, se chargent également comme Cheveciers-Curez de payer les droits des Marguilliers-Clercs, &
par consequent qu'ils partageoient également dés ce temps
là, comme ils font à present tous les droits & revenus de
ladite Chevecerie-Cure.

Surquoy Monsieur Roslin trouvera bon qu'on le fasse
souvenir que cette égalité de payer les Charges , & par
consequent de partager également les revenus, n'est pas si
nouvelle qu'il veut le faire croire, & qu'elle est aussi ancienne que le partage de la Chevecerie, puis que dés cette
année 1355. les deux Cheveciers reconnoissent qu'ils y sont
également obligez, & que les Marguilliers-Clercs disent
qu'ils recevoient ce droit des Cheveciers de temps imme-
morial : *Cùm idem matricularij & prædecessores ipsorum à*

Egalité de payer les Char-ges dés le com-mencement.

Cotte B.

*capiceriis ipsius Ecclesiæ S. Mederici dictos tres denarios ratio-
ne, qua suprà habuerint & receperint à tanto tempore, quod
de contrario memoria hominum non existit.* Monsieur R. permettra aussi, que l'on luy dise que la repetition qu'il fait
souvent dans ses écritures, que ce n'est que depuis peu que
cette égalité a esté établie dans les émolumens, pourroit

Fol. 33.

porter quelque prejudice à la protestation qu'il fait qu'*il
n'en parle pas pour s'en plaindre, ny dans la pensée d'en user
autrement.*

La 12. & derniere de cette Cotte, est un extrait du
grand Pastoral d'un acte de l'an 1282. dans lequel il est parlé d'un Chevecier en singulier.

Le S. Roslin l'a produit toûjours dans le dessein de prouver que durant tout ce temps, il n'y a eû qu'un Chevecier
à S. Mederic.

L'on veut bien encore une fois en demeurer d'accord;
mais l'on le prie de trouver bon que l'on en induise tout le
contraire de ce qu'il pretend, & que l'on dise que si en
1282. & mesme en 1293. ainsi qu'il le prouvera cy-après, il

Fol. 17. & 184.

n'y avoit qu'un Chevecier à S. Mederic; si mesme il n'en
reconnoist qu'un jusques en 1300. ainsi qu'il le prouve dans
l'induction de la Cotte B. & si en ladite année 1300. l'on en
voit deux sans aucune difference ny distinction, si au contraire dés les premiers temps qui suivent ce changement
jusques & durant prés de 300. années, ils sont dans une entiere égalité, s'ils se traitent de Concheveciers; s'il ne produit pas un seul acte durant ce long espace de temps, dans
lequel ils soient appellez premiers ou seconds s'ils se trouvent dés le commencement en possession d'estre traitez
également, & d'estre reconnus tous deux, & par le Chapitre de Paris, & par celuy de Saint Mederic, pour les premiers de cette Eglise : Il demeurera pour constant auprés
de toutes les personnes de bon sens, qu'il n'y peut avoir aucune inégalité par la fondation, & on supplie le sieur Roslin de vouloir dire par quel hazard, & par quel moyen ce
partage aura pû se faire, sans l'authorité des Superieurs,
qui par les titres mesmes que produit le S. R. regloient
jusques aux moindres choses de la mesme Eglise.

On croit qu'il y a peu de personnes avec le sieur Roslin, *Cotte B.* qui puissent traiter ce raisonnement de chimerique ; car quoy que la verité dans les choses de fait, ne soit pas toûjours d'accord avec le vray-semblable ; neantmoins quand on a pour soy la vray-semblance & la raison fondée sur une puissante conjecture, le party du vray-semblable doit l'emporter sans doute sur celuy qui luy est opposé, s'il n'y a des faits & des titres positifs absolument contraires, & s'il y en avoit eû, le S. Roslin, & son conseil, n'auroient pas manqué de les apporter ; ou s'il estoit aussi aisé de répondre solidement aux raisons fondées sur le bon sens, qu'il est aisé de les traiter d'imagination & de chimere, ils n'auroient pas manqué de le faire ; mais il y a long-temps qu'il est bien plus aisé de trouver des injures que des raisons.

Ainsi quoy qu'il plaise aux Advocats de Monsieur Roslin de traiter de fiction & de chimere, les raisonnemens fondez sur le bon sens, on croit que toutes les personnes à qui Dieu a donné de la raison, trouveront que l'on suit ses regles & ses maximes, lors que l'on soûtient que pour établir quelque inégalité ou primauté de fondation entre deux personnes, entre lesquelles, selon le droit, il doit y avoir une égalité parfaite, Il faut du moins rapporter le titre de la fondation pretenduë, sans quoy l'on ne peut estre recevable dans une pretension qui combat toutes les regles de droit, & toutes les maximes de l'équité, & que quand on le rapporteroit, il seroit sujet à estre reformé. On croit suivre aussi le bon sens & la raison, lorsque l'on pretend que les sept Chanoines ayant desservy la Cure de S. Mederic par semaines, ceux qui leur ont succedé dans le mesme employ, doivent avoir succedé dans la mesme égalité, si l'on ne rapporte quelque titre qui prouve le contraire.

On croit parler selon les regles du bon sens, lorsque l'on dit, que si les moindres affaires de l'Eglise de S. Mederic se trouvent dans le temps où le partage a esté fait, reglées par des statuts formels, emanez des Superieurs. Vne chose d'aussi grande consequence pour cette Eglise, que la division de la Chevecerie-Cure en deux portions, n'a pû estre faite que par l'authorité des mesmes Superieurs.

Mais pour faire voir que le bon ſens s'accorde en cela avec le fait, & que la verité convient avec le vray-ſemblable, on rapporte les actes par leſquels les Superieurs le déclarent expreſſément, & d'autres par leſquels les Cheveciers eux-meſmes, les Chanoines & les Marguilliers de S. Mederic, en s'adreſſant au Chapitre de Noſtre-Dame, pour en demander la reünion, prouvent manifeſtement qu'ils ont crû que cela n'a pû eſtre autrement.

On a crû parler auſſi dans le bon ſens, quand on a dit, que s'il y avoit eu quelque inégalité dans l'inſtitution, les temps qui en ſont les plus proches la marqueroient ſans doute, & qu'au contraire ſi ces temps là marquent une égalité parfaite, ils marquent auſſi qu'elle a eſté dans l'inſtitution, & ce qui eſt plus ſurprenant, c'eſt que l'Autheur meſme de l'inventaire de M. Roſlin eſt obligé de donner les mains à cette verité aprés l'avoir traitée de chimere, puis qu'il avouë au feüillet 24. *qu'il faut conſulter les actes qui ont ſuivy de plus prés cette diviſion, & la poſſeſſion qui s'en eſt enſuivie pour connoiſtre s'il y a eu égalité.*

On a crû auſſi tenir le party du bon ſens, quand on a dit que jamais le Chapitre de S. Mederic n'auroit receu dans ſon corps, ny à ſa teſte un petit Curé, un Coadjuteur, en bon François un Vicaire, & que s'il a receu deux hommes au lieu d'un, il a fallu l'authorité toute entiere des Superieurs, & que l'établiſſement s'en ſoit fait dans toutes les formes. Cette preuve à la bien conſiderer eſt deciſive, & elle a paru ſi forte, que le Conſeil de M. R. n'a pû y répondre; il ne s'eſt pas meſme mis en devoir de le faire, peuteſtre a-t'il crû qu'on oublieroit à s'en ſervir encore dans l'occaſion, & à ſupplier Meſſieurs les Arbitres d'y faire reflection.

On a crû auſſi qu'il eſtoit du bon ſens, que ſi les predeceſſeurs du ſieur Cocquelin ſe ſont oppoſez, s'ils ont reſiſté dans les derniers temps aux entrepriſes des predeceſſeurs du S. Roſlin, & ſi l'on voit que ceux-cy ont changé leurs titres, & leur qualité, il s'enſuit que ce ſont eux qui ont innové, & qui ſont les uſurpateurs. On a crû encore qu'il eſt du bon ſens qu'un homme qui auroit eu beſoin de ſecours,

& de prendre un ſecond, ſe feroit contenté d'un ou de plu- *Cotte B.*
ſieurs Vicaires, auſquels il auroit fait telle part qu'il euſt
voulu de ſes retributions, mais qu'il ne ſe feroit jamais ad-
viſé de le faire ſon Collegue, ny de partager avec luy ſon
Benefice, pour luy donner le meſme titre, la meſme qualité, & tous les advantages qui luy appartenoient en qualité de Chanoine & de Chevecier-Curé.

On oſe meſme dire plus, & l'on ſoutient qu'il faut avoir *Il faut renon-*
un peu renoncé au bon ſens, & à la raiſon pour imaginer *cer au bon*
que Meſſieurs du Chapitre de Noſtre-Dame euſſent ſouf- *ſens, pour ne*
pas demeurer
fert un ſecond Chevecier dans ſaint Mederic, qui parta- *d'accord de la*
geaſt la Prebende du Chevecier, ſes droits & emolumens, *verité de ces*
& qu'ils euſſent donné des proviſions à ſes premiers ſuc- *preuves.*
ceſſeurs, s'ils n'avoient fait eux-meſmes cét eſtabliſſement;
car enfin il eſt conſtant par la production de Monſieur Rô- *Fol. 17. & Fol.*
lin qu'en 1293. & meſme juſques en 1300. il n'y avoit qu'un *184.*
Fol. 17. 27.
ſeul Chevecier, & qu'en ladite année 1300. il y en avoit *28. & 185.*
d'eux, & ce par la propre confeſſion du ſieur Roſlin, en
vertu d'Actes authentiques; dont il n'a peu diſconvenir;
& que depuis ce temps juſques à preſent ils ont eſté tous
deux à la teſte des Chanoines; comment donc peut-il pretendre que cét eſtabliſſement ſoit l'effet du caprice d'un
Curé qui s'eſt choiſi un Coadjuteur, & non pas l'effet de
l'authorité des ſuperieurs.

Mais ce qui eſt de plus ſurprenant, c'eſt que le ſieur Rôlin produit ſous la Cotte ſuivante le pouvoir que le Chapitre de Noſtre-Dame a obtenu du Pape en ce meſme temps,
pour diviſer les Benefices dependans de ſa nomination : Il
produit auſſi les Actes de la diviſion de la Cure de S. Iean
le rond, & des Prebendes de ſaint Denis du Pas, faites
en vertu du meſme pouvoir, & il veut que la diviſion de la
Cure de ſaint Mederic ſe ſoit faite toute ſeule; avec la permiſſion de Monſieur Roſlin & de ſon Conſeil, on le repe-
tera encore, on croit que toutes ces raiſons ſont appuyées
ſur le bon ſens, on croit meſme qu'il faut un peu y renoncer pour les traiter de chimere & d'imagination, & l'on
croit que pour y repondre il faudroit avoir des preuves po-
ſitives & des titres formels; ſans quoy il eſt impoſſible d'e-

ſtablir un fait pour veritable, lors qu'il eſt oppoſé à toutes les regles de la vray-ſemblance & de la raiſon.

Mais quand cette vray-ſemblance & cette raiſon ſe trouve authoriſée par une poſſeſſion non conteſtée durant prés de trois cens années, quand elle eſt appuyée par les premiers Titres & par les premiers Reglements, quand on trouve manifeſtement l'innovation dans les derniers, ne peut-on pas dire qu'outre le manquement du bon ſens, il faut pour n'en pas demeurer d'accord donner beaucoup à l'injuſtice, à laquelle les hommes ſe laiſſent aiſement ſurprendre, quand il s'agit de leur intereſt.

Il eſt vray que ſur ces fondemens l'on a creu pouvoir eſtablir un raiſonnement d'autant plus ſolide qu'il ſe trouve appuyé ſur des principes inébranlables, qui ſont le bon ſens, la raiſon, le droit commun, la poſſeſſion & les titres, & l'on a conclu que ſi cette diviſion a eſté faite canoniquement par les ſuperieurs durant une vacance par la ſeparation d'une Prebende en deux portions; les deux Titulaires pourveus chacun d'une portion, ſont également ſucceſſeurs de celuy qui eſtoit ſeul Chevecier-Curé, que s'ils ſont ſes ſucceſſeurs ils ſont également anciens & premiers de fondation, & s'ils ſont également premiers de fondation, ils ſont parfaitement égaux & ne peuvent avoir d'autre difference entr'eux que celle que le droit commun eſtablit entre deux hommes pourveus d'un meſme titre, qui rempliſſent une meſme place, & qui deſervent un meſme Benefice : C'eſt le raiſonnement que l'on a fait & que l'on croit aſſez juſte ; quoy que le ſieur Roſlin le traite de raiſonnement diffus & embaraſſé, on croit qu'il ne le traite ainſi, que parce qu'il ne luy plaiſt pas, & l'on eſt perſuadé qu'il auroit pû reconnoiſtre ingenuëment qu'il eſt un peu embaraſſant à quiconque ne veut pas convenir de la vérité.

On a confirmé ce raiſonnement en diſant que le Benefice de ſaint Mederic eſt compoſé de trois Titres, c'eſt une Prebende, c'eſt une Cure, c'eſt une Chevecerie, & ces trois choſes dont les deux dernieres la Cure & la Chevecerie ſont priſes indifferemment pour la meſme choſe preſ-

que

que dans tous les anciens Titres & mesme dans les derniers *Cotte B.* ne composent qu'un seul & mesme Benefice, comme il est prouvé par le Statut de 1219. le sieur Roslin & le sieur Cocquelin sont pourveus par indivis de ce Benefice ; en sorte que chacun des Titulaires n'a qu'une semy-Prebende, qu'une semy-Cure, ou semy-Chevecerie, ainsi que parlent les titres de l'un & de l'autre Titulaire ; & que neantmoins chacun est Chanoine, chacun est Curé, chacun est Chevecier ; d'où il s'ensuit qu'une portion ne peut avoir rien d'avantageux au prejudice de l'autre, & que l'un des Titulaires ne peut avoir aucun droit en vertu de la portion de son Benefice, dont l'autre ne soit également revestu en vertu de l'autre portion : Or il est constant que les deux Titulaires de la Chevecerie-Cure de saint Mederic n'ont à eux d'eux qu'un seul & mesme Benefice, & qu'ils ne tiennent lieu que d'un seul & unique Beneficier dans ladite Eglise : le Chapitre de saint Mederic n'est composé comme autrefois que de sept Prebendes, ainsi qu'il estoit avant la division de la Chevecerie ; les deux portions de la Prebende, ausquelles a esté annexée inseparablement, par le Statut de 1219. la Cure & le soin des ames dont les deux Cheveciers sont revestus, ne passant que pour une seule & unique Prebende en toutes choses : les preuves que l'on en a données & qui resultent des deux productions, sont. *Primò,* Ils n'officient qu'à demy tour ; c'est à dire que chacun des autres Chanoines faisant l'Office toutes les sept semaines, les seuls Cheveciers ne viennent chacun à tour de semaine pour leur Office de Chanoine que toutes les quatorze semaines, & ainsi les deux ne passent que pour un Chanoine ; ainsi que le sieur Roslin le reconnoist *folio 66.* de son inventaire. *Secundò,* Ils ne jouïssent chacun que du revenu d'une demie-Prebende qu'ils partagent également ; ce qui n'a jamais esté contesté, *Tertiò,* en qualité de Cheveciers, Ils ont tous deux la premiere place, & dans le Chœur, & dans le Chapitre, *Quartò,* tous les Actes, dans lesquels ils parlent depuis leur establissement, ou dans lesquels il est parlé d'eux, soit dans le Chapitre, soit dans la Parroisse, sont conceus en ces termes, LES

permanens qui n'ont pû encore estre destruits par toutes les usurpations que l'on s'efforce de consommer.

Preuves que les deux portions ne composent qu'un seul & mesme Benefice.

E

Cotte B.   CHEVECIERS ou bien LES CURE's, & ce fans aucune difference ny diftinction entr'eux : enfin en qualité de
Curés chaque Titulaire fait dans fa femaine toutes fonctions Curiales, fans aucune dependance de fon Collegue;
ils ont chacun leur Vicaire & leur Clerc, ils habituent conjointement les Preftres, entrent également en connoiffance & ordonnent également de la Sacriftie, font alternativement toutes fonctions Paftorales dans leur femaine,
tant à Paris qu'à Belleville, Eglife annexe dont ils font
Curés, & dont ils eftabliffent & deftituent le Vicaire d'un
commun confentement, partagent également & fans aucune difference tous les revenus, profits & émolumens de
ladite Cure, & font alternativement la fonction de Superieur des Religieufes de fainte Avoye, avec le Superieur
qu'elles choififfent ; en forte neantmoins que le Superieur
choifi, fait deux fois la fonction de Superieur ; à l'égard
defdites Religieufes, contre chaque Chevecier-Curé de
faint Mederic une ; d'autant que les deux Cheveciers ne
paffent que pour une feule tefte à cét égard, ainfi que dans
le refte de leurs fonctions.

Preuves indu-   On a dit que c'eftoit la les marques de l'égalité primitive
bitables.   & originaire qui a efté jufques aux Sentences dont eft ap-
pél, & qui doit eftre encore toute entiere entre les deux
Cheveciers ; que ce font les caracteres qui n'ont peu eftre
effacez, & les fondémens qui font demeurez inebranlables
jufques à prefent malgré tous les efforts que l'on fait depuis
plufieurs années, pour confommer une ufurpation injufte
des droits honorifiques, advantages & prerogatives ap-
partenans audit Benefice.

On a fait voir comment on s'eft comporté pour les ufurper imperceptiblement & comme par degrés, & l'on a
conclu de toutes ces chofes que conformement aux regles
du droit commun, aux titres veritables, & à une poffeffion de plus de trois cens années, l'égalité doit eftre entiere entre les deux Cheveciers de faint Mederic : fi Monfieur Roflin veut perfuader apres cela que l'on fe trompe,
on croit qu'il veut bien fe tromper luy-mefme ; & l'on fe
perfuade qu'il y aura peu de perfonnes qui veulent fe trom-

per avec luy, & qui ne demeurent convaincus de l'injustice
de ses pretentions & de la bonté de la cause de son confrere.

Cotte B.

SOus la Cotte C. le sieur Roslin tire deux consequences
de la Cotte precedente, de laquelle il conclud deux
choses. *Primò, Qu'il y a eu un premier & unique Titulaire de la
Chevecerie-Cure de saint Mederic. Secundò, que la division en
deux portions, n'a peu estre faite que par un abus, & par consequent que le titre du sieur Cocquelin ne peut estre canonique.*
Pour prouver ce raisonnement, il produit un Arrest de la
Cour du 19. Mars 1625. donné entre Guy Houissier &
deux ou trois particuliers qui avoient jetté devolu pour
empescher la reünion des deux portions en sa personne.

Cotte C.

Le sieur Roslin s'est donné la peine de faire transcrire les
Plaidoyers des Advocats, & celuy de Monsieur Servin en
cette cause, mais autant qu'on en peut juger, c'est assez
inutilement, puis que l'on ne doit point juger une affaire
sur l'authorité des Advocats, mais sur les preuves de ce
qu'ils advancent, & sans blesser le respect que l'on doit à
Monsieur Servin, comme à un des plus grands hommes &
des plus habiles de son siecle, on peut dire que les plus
grands hommes ne s'appliquent pas également à toutes
sortes d'affaires, que si Messieurs les Arbitres veulent bien
se donner la peine de lire ces sortes de plaidoyers, & les
autres que le sieur Roslin semble n'avoir produits que pour
accabler la Justice par des volumes inutiles, ils trouveront
que comme Monsieur Servin n'avoit point d'autre but
dans l'affaire de Houissier, que de faire voir qu'il n'y avoit
aucune incompatibilité entre les deux portions du Benefice en une mesme personne, il n'a touché que les raisons
qui faisoient à son dessein, & qu'il les a eslevées par toute
son erudition autant qu'il convenoit en la cause en question.

*Plaidoyé de
Monsieur Ser-
vin*

Il en a mesme supposé quelques-unes qui ne faisoient
tort à personne, parce qu'il ne s'agissoit pas de les decider,
il ne laisse pas neantmoins d'en supposer de tres-veritables,
qui ne sont pas trop favorables aux pretensions du sieur
Roslin; comme quand il appelle la portion de Phanuel,

E ij

Cotte **C.**

dont Houiſſier s'eſtoit fait pourvoir en Cour de Rome; *Chevecerie., ſemy-Prebende & Canonicat en l'Egliſe de ſaint Mederic; à laquelle eſt annexée la Cure dudit lieu,* quand il dit que Houiſſier eſtoit déja pourveu de *ſembla-ble dignité*, le ſieur Roſlin auroit pû meſme faire refle-ction ſur ces belles paroles que ce grand homme cite *nulla æquitatis ratio , nullus Canonum ordo conſentit ut Parochiam alterius , alter aliquo modo debeat occupare,* il auroit pû auſſi s'arreſter ſur ces autres paroles des Capitulaires de Charle-magne, *ſit unuſquiſque ſacerdos conceſſis ſibi contentus, nec in alterius Parochia quidquam præſumat,* il pourroit auſſi profi-ter de cette regle qu'il apporte des Decretales tirées du Pape Innocent, *ſi diſtincti ſunt limites dicunt ferè omnes quod nec limes nec quod annexum eſt limiti præſcribi poteſt.*

Mais quoy qu'il en ſoit du Plaidoyer de Monſieur Ser-vin, le Parlement a reconnu que la diviſion de la Cheve-cerie en deux portions n'eſtoit point contre les Canons; puiſqu'il ne les reünit qu'en la perſonne d'Houiſſier, & ainſi la Cour s'arreſta peu à tout ce que Monſieur Servin avoit dit ſur ce ſujet.

On peut auſſi adjouſter que Meſſieurs du Chapitre eſtoient parties oppoſantes à la reünion des deux portions, ce qui prouve ſuffiſamment qu'ils ſont les autheurs de la diviſion, & qu'ainſi ils l'ont reconnuë canonique.

Cotte **D.**

SOus la Cotte D. ſont trois pieces, l'une eſt un bref du Pape Alexandre IV. tiré du grand Paſtoral de l'Egliſe de Paris, portant permiſſion au Chapitre de diviſer les Be-nefices & Prebendes de leur collation, ſur l'expoſition qui luy avoit eſté faite, qu'il y en avoit dont le revenu eſtoit aſſez augmenté pour pouvoir faire ſubſiſter pluſieurs Ti-tulaires.

Il eſt aſſez à propos d'obſerver que ce bref eſt obtenu par le Chapitre de Paris, peu de temps auparavant que la diviſion de la Chevecerie-Cure de ſaint Mederic ait eſté faite, puiſqu'il eſt conſtant entre les parties qu'elle eſtoit faite en 1300.

La ſeconde, eſt l'acte de la diviſion des Chanoines de ſaint Denis du Pas de l'an 1280. en vertu du bref cy-deſſus

énoncé, & la troiſieſme, eſt un certificat que cette divi- Cotte **D.**
ſion deſdites Chanoinies perſiſte encore aujourd'huy en la
maniere qu'elle a eſté faite.

Le ſieur Roſlin veut bien adjouſter l'acte de la diviſion Acte de la di-
de la Cure de ſaint Iean le Rond en deux portions égales, viſion de la Cure de ſaint
fait en meſme temps par le meſme Chapitre, & on eſt per- Mederic ne ſe
ſuadé que l'on pourroit y joindre auſſi celuy de la Cure trouve plus.
de ſaint Mederic, s'il n'avoit point eſté ſupprimé; la
queſtion eſt par qui il l'a eſté: Le ſieur Roſlin ſe fâche
quand on dit qu'il faut que ce ſoit par quelqu'un de ſes
predeceſſeurs, il croit que *l'on peut tourner la medaille*, & Queſtion par
dire la meſme choſe de ceux de ſon confrere; il ne ſera peut- qui il doit avoir eſté ſup-
eſtre pas mal-aiſé d'en juger apres que l'on aura examiné primé.
toutes les pieces du procés.

Mais pour répondre à ce qu'il dit *qu'il n'y a point d'ap-*
parence que la diviſion de la Chevecerie ait eſté faite par
l'authorité de Meſſieurs de Noſtre-Dame, & que ſuppoſé
que cela ſoit, elle n'a eſté faite qu'avec ſubordination, il
veut bien que l'on adjouſte à ce que l'on a déja dit, que
non ſeulement il y a apparence, mais meſme qu'il y a toute ſorte de certitude, qu'elle n'a pû eſtre faite que par authorité de Meſſieurs de Noſtre-Dame & des Superieurs
Eccleſiaſtiques, & que de plus elle a eſté faite ſans aucune
ſubordination; Premierement la diviſion de la Cure de
ſaint Iean le Rond, & des Chanoines de ſaint Denis du
Pas a eſté faite par authorité de Meſſieurs du Chapitre; en
ce meſme temps par vertu du bref du Pape qu'il rapporte.
Secundò, Meſſieurs de Noſtre-Dame prenoient ſoin de
l'Egliſe de ſaint Mederic juſques dans les moindres choſes,
ils regloient le ſon des cloches, l'heure du ſervice, les che-
veux & l'habit des Eccleſiaſtiques. *Tertiò*, Ils avoient expoſé au Pape peu de temps auparavant que le revenu de la
Chevecerie de ſaint Mederic eſtoit fort conſiderable.
Quartò, Les deux Cheveciers n'ont peu eſtre mis en poſſeſſion de leurs Benefices, ſans en eſtre pourveus par le
Chapitre de Noſtre-Dame. *Quintò*, Le Chapitre de S.
Mederic ne les aura pû ny voulu recevoir ſans un ordre exprés des ſuperieurs, & toutes ces preuves ſont tirées des

Cotte D.
Cure de S. Iean
le Rond divifée
dans le mefme
temps en toute
égalité par les
mefmes ·Supe-
rieurs.

pieces produites par le S. Roflin fous cette Cotte, & fous les precedentes. Enfin la Cure de S. Iean le Rond, fe trou-ve divifée en mefme temps par Meffieurs du Chapitre en toute forte d'égalité.

Il faut avouër qu'il eft bien difficile de fermer les yeux à une verité qui fe montre avec tant de force, & qui eft appuyée fur le bon fens & la raifon; mais ce qui furprend davantage, c'eft de voir qu'à proportion que le S. Roflin devroit reconnoiftre la foibleffe de fa caufe par les titres de fa partie, & le bon droit de fa partie par les pieces mef-mes qu'il produit, il augmente neantmoins fes pretentions; il parle d'un ton plus haut, il encherit fur les deffeins de fes predeceffeurs, & quoy qu'il protefte qu'il s'arrefte au pre-tendu jugement dont eft appel, il eft conftant par ces con-clufions qu'il paffe encore beaucoup au de là. Il femble qu'il foit perfuadé que l'on doive juger du droit d'un hom-me par fes pretentions, & de la bonté de fa caufe par des expreffions, ou hardies, ou injurieufes; ou comme s'il n'avoit pas affaire à des Iuges intelligens, qui fçavent faire un jufte difcernement des titres fur lefquels il fe fonde, il ne s'applique qu'à prendre des qualitez *de premier, de plus ancien, de Superieur, de plus eminent en dignité, de Me. de Provifeur,* & qu'à embarraffer la chofe par des termes ima-ginaires, fans rien produire de folide, fur le fait dont il s'agit.

Il continuë donc fon raifonnement, & il dit que fuppofé que l'authorité du Chapitre foit intervenuë, ce qu'il dit encore eftre contre les apparences, il n'aura fait cette di-
vifion qu'avec fubordination, & pour le prouver il produit un certificat qui fait voir que les Chanoinies de S. Denis du Pas ont efté divifées avec fubordination en Prefbytera-les, Diaconales & Subdiaconales, & que cét ordre eft de-meüré jufques aujourd'huy.

Le contredit eft aifé, & fe montre par la piece mefme que le S. Roflin produit, en ce que les Chanoinies de S. Denis du Pas font établies pour rendre fervice à l'Eglife de Paris.
Le ftatut qui en fait la divifion, dit que le defaut de Dia-cre & de Soudiacre dans la grande Eglife, quand il falloit

celebrer, caufoit du fcandale, & que c'eft pour cela qu'il
les divife en Diaconales, & Subdiaconales ; mais le Benefice de S. Mederic eftoit une Cure. Or le droit commun veut
que les Cures fe divifent également, c'eft l'ufage de toutes
les Eglifes Parroiffialles du Royaume où il y a plufieurs
Curez, comme on l'a prouvé par les certificats en bonne
forme : c'eft l'ufage obfervé par l'Eglife de Paris dans la
divifion de S. Iean le Rond, faite en mefme temps, felon
le certificat des deux Curez qui font à prefent, & c'eft enfin ce qui refulte du certificat touchant S. Denis du Pas :
Car fi la divifion s'eftant faite avec fubordination, cette
fubordination fe trouve marquée dans toute la fuite des
temps, l'égalité fe trouvant auffi marquée dans la fuite des
temps entre les titulaires de la Cure de S. Mederic, depuis
la divifion jufques à la fin du 16. fiecle, ainfi qu'il refultera
par les pieces produites de part & d'autre ; on laiffe à M.
Roflin à tirer la conclufion.

On répondra à l'induction qu'il tire des Maifons Canoniales laiffées aux Titulaires des Prebendes Prefbyterales
de S. Denis du Pas, quand il aura bien prouvé qu'il eft demeuré une maifon Prefbyterale à l'un des Titulaires de la
Chevecerie de S. Mederic.

SO u s la Cotte E. le S. Roflin pretend prouver que *la*
Maifon Presbyterale qui eftoit affectée à la Cure avant la
divifion, a efté toûjours poffedée par le premier Chevecier, &
que le fecond Chevecier pendant plus de 270. *ans fe logeoit*
à fes dépens, fans qu'il y euft aucune maifon affectée à fa por-
tion : Et pour le verifier il produit trois pieces ; La premiere, eft un procez verbal de vifite fait par Meffieurs de Noftre-Dame, par lequel il paroift qu'il leur fut fait plainte par
les Parroiffiens, de ce que M. Denis de Mauregard Chevecier eftoit logé en une ruë indecente.

Si M. R. veut continuër à produire des pieces de cette
force, pour prouver les pretenfions de fon Collegue, ceux
qui ne feront pas bien informez de fes fentimens, pourront croire qu'il eft enfin touché du defir de luy faire juftice, & qu'il s'applique à luy faire gagner fon procez, puifque le S. Cocquelin prouvera que Mauregard eft prede-

Cotte E.

Elle détruit fans reffource la fuperiorité & préeminence imaginaire du S. Roflin.

ceffeur du S. Roflin, & que Branlard Contemporain & Collegue dudit Mauregard eft le fien. Il veut bien en attendant remarquer en faveur du S. R. qu'il eft certain par cét acte qu'ils avoient chacun leur Vicaire & leur Chapelain, & qu'ils partageoient également la Prebende : *In eadem Ecclefia fore duos Capicerios percipientes fimul integram diftributionem quam Canonicus Ecclefiæ percipere confuevit.* Si cette réponfe le furprend, on le prie de fe preparer à la preuve que l'on en fournira. Comme la chofe eft de confequence, on s'appliquera à la bien éclaircir.

La deuxiéme & troifiéme de l'année 1577. prouvent que le Poultier demande aux Marguilliers de S. Mederic, qu'ils luy rendent la maifon qu'il occupoit avant que d'aller aux champs, & qu'ils avoient loüée dans fon abfence ; mais cela ne prouve pas trop que fon Collegue fut logé dans une maifon Curiale, au contraire il femble que fi cela euft efté, le Poultier n'auroit pas manqué de l'expofer dans fa Requefte, pour faire voir que fi fon Confrere avoit une maifon en vertu de fon titre, il eftoit bien jufte que du moins ils l'en accommodaffent d'une par emprunt ; mais la veritable induction qu'il faut tirer de ces pieces, eft que les Parroiffiens dans leur Requefte, & le Prevoft de Paris dans fa Sentence, ont donné audit le Poultier la qualité de Curé, & font convenus qu'il eftoit jufte qu'il fut logé proche l'Eglife, pour s'acquitter de fon devoir, & faire les fonctions de Pafteur, & ce fans aucune diftinction ny difference, & fans luy donner titre ou qualité de fecond, & qu'il fut prononcé que l'on luy rendroit fa maifon.

Cotte F.

Preuve fort rare des pretentions de M. Roflin tirée du livre de F. Iacques du Breüïl.

SO us la Cotte F. le S. Roflin veut appuyer fes pretentions de la fable populaire, & pour prouver qu'on *a toûjours creu dans le public que le fecond Chevecier a efté pris par le premier pour fon Coadjuteur.* Il produit le témoignage de Frere Iacques du Breüïl.

Pour répondre à cette preuve on ne peut s'empefcher de dire à M. R. que fa caufe eft bien déplorée, s'il en eft reduit au témoignage de Frere Iacques de Breüïl ; puis qu'il ne peut le prendre pour juge de fes pretentions, s'il ne veut demeurer d'accord qu'il n'eft qu'un Vicaire perpetuel,

tuel, & que Meſſieurs les Chanoines de S. Mederic ſont *Cotte F.*
nos Curez primitifs. Pourquoy donc prendre F. Iacques
du Breuïl pour juge, quand on ne peut pas déferer à ſon
jugement. Que ſi F. Iacques du Breuïl n'a point eû d'autre
fondement de ce qu'il avance, que le bruit public, & que
la fable populaire, M. Roſlin eſt trop raiſonnable, au
moins veut-on ſe le perſuader, pour vouloir que Meſſieurs
les Arbitres ſe fiſſent le tort de la prendre pour regle de
leur deciſion, & ſi F. Iacques du Breuïl avoit quelques pieces authentiques, Monſieur Roſlin eſt un deffenſeur trop
actif de ſes droits pretendus, pour ne s'en eſtre pas ſervy.

Mais le témoignage de F. Iacques du Breuïl ne doit pas *Si le F. Iacques*
eſtre plus conſiderable quand il parle des affaires de l'Egli- *du Breuïl eſt ſi*
ſe de S. Mederic, que quand il traite de celles de ſon ordre, *peu inſtruit de*
deſquelles il devroit ſans doute eſtre plus inſtruit, & il ne *ſes affaires,*
merite pas plus de creance, lors qu'il dit qu'un ancien Curé *comment le ſe-*
de S. Mederic prit autrefois un Coadjuteur, ſans en don- *roit-il de celles*
ner aucune preuve, que quand dans le ſupplément du *de l'Egliſe de*
meſme livre page 92. il veut que le mot d'Hemine, qui eſt *S. Mederic.*
l'ancienne portion de vin accordée dans la Regle de Saint
Benoiſt à chaque Religieux, ſignifie une pinte, & meſme
une grande pinte de S. Denis, parce que cette meſure luy
paroiſt proportionnée à la neceſſité humaine : *Satis con-*
gruere neceſſitati humanæ. Mais on renvoye le F. Iacques du
Breuïl touchant la queſtion de l'Hemine à l'Autheur de la
ſçavante diſſertation, imprimée depuis peu ſur ce ſujet, &
on prie ceux qui veulent perſuader le public de la fable
d'un Coadjuteur dans S. Mederic, d'apporter de meilleu-
res preuves.

Partant l'induction que le S. Cocquelin tire de ladite
piece, pour ſervir de contredit à celle que tire le S. R. eſt
que le F. du Breuïl, quelque habile qu'il puiſſe eſtre, a
écrit comme font beaucoup d'autres en matiere de fait,
ſur une erreur populaire, & ſans avoir aucun titre.

SO u s la Cotte G. le S. R. pretend prouver la meſme *Cotte G.*
choſe, & que *dans les actes qui ont ſuivy de plus prés la*
diviſion, la préeminence de la premiere portion a eſté marquée
par des termes qui ne reçoivent point de contredit, & qu'elle

s'eft fucceffivement confervée jufques à prefent dans les aates faits au fujet de la portion, & dans les provifions qui en ont efté expediées : Pour le prouver il produit 16. pieces qu'il pretend eftre decifives.

Meffieurs les Arbitres font tres-humblement fuppliéz de renouveller leur attention pour en faire la difcuffion.

La premiere du 27. Novembre 1371. eft un extrait d'une copie collationnée du teftament de Guillaume Chalop Chevecier de S. Mederic, qui porte ces termes pour ex-pliquer qu'il laiffe deux portions du pain de Chapitre, qu'il fonde en faveur des Chanoines de S. Mederic, à ce-luy qui paffera dans fa place : Voicy fes termes qui font toute la force de la production de M. Roflin : *Iuxta ordina-tionem Capiceriorum & Canonicorum, ejufdem Ecclefiæ fub tali tamen paato, & conditione quod Capicerius qui pro tempore erit fucceffor fuus, cujus fedes à parte dextra exifit in anti-quiori portione* : D'où le S. R. conclud que la primauté & la prééminence de fa portion, qu'il qualifie *plus ancienne de fondation*, eft établie dés les premiers temps, qui ont fuïvy le partage de la Chevecerie en deux portions.

Cette piece & fon induation font fujettes à plufieurs contredits, qui font tous fans replique : Le premier, que perfonne n'eft juge en fa propre caufe, & n'eft partie capa-ble pour fe faire un titre, ny à fes fucceffeurs : qu'ainfi Chalop a pû dire ce qu'il luy a plû dans fon teftament, fans pouvoir prejudicier aux droits de fon Collegue ; mais la veritable réponfe eft, que ce qui arrive fort fouvent à *ceux qui font a* l'extremité, eft arrivé à Chalop, lors qu'il a fait fon tefta-ment, ce qu'il vouloit dire eftoit bon, mais il ne l'a pas énoncé affez nettement ; il a voulu laiffer deux portions de pain à celuy qui feroit fon fucceffeur en fa place, c'eft à dire à celuy qui eftant pour lors fon Collegue, feroit aprés fa mort l'ancien de reception, & pafferoit en cette qualité de la gauche à la droite, felon l'ufage de ce temps, qui doit eftre encore obfervé, & il appelle cette place la plus an-cienne portion, c'eft à dire la place & la portion du plus ancien : Et Meffieurs les Arbitres font tres-humblement fuppliez d'obferver, que ces termes *antiquitate fcilicet fun-*

dationis, ne font pas du texte, mais que c'est une glofe que M. Roslin veut bien y adjouster.

Ce fens qui est le veritable de ce testament, est prouvé manifestement par les termes clairs & formels qui s'y trouvent, par lesquels, felon toutes les regles, il faut expliquer ceux qui font obscurs : Ces termes clairs font ceux par lesquels il fe qualifie luy-mefme ALTER CAPICERIVS, & appelle fon Confrere CAPICERIVS ALTERIVS PORTIONIS, c'est ce qui fe prouve encore par l'induction mefme de M. R. qui dit que du Bourg Collegue de Chalop, a figné ledit testament, ce qui le rend, à ce qu'il dit decifif à cét égard ; mais aprés avoir prié Monfieur Roslin de diftinguer entre l'original, & une coppie collationnée, & de demeurer d'accord que l'original, qui est encore en nature dans les Regiftres de S. Mederic, & dont l'on luy pourra produire copie en bonne forme, n'est point figné de du Bourg, mais feulement l'acte par lequel il requiert les Notaires luy en délivrer une copie collationnée, qu'il a tirée des mefmes Regiftres. On adjoûtera que c'est de cette fignature de du Bourg Collegue de Chalop, lequel aprés la mort de Chalop a eu la prefeance au deffus de fes Collegues, que l'on prouvera manifestement qu'il n'a figné cette copie, que parce que en qualité d'ancien de reception, il avoit le principal interest, à ce qu'il fut executé. On veut bien adjoûter que Chalop mefme n'a eu aucune prefeance au deffus de fon Collegue, que quand il estoit l'ancien, puifque dans un acte du dernier Mars 1350. que le S. Cocquelin produit fous la cotte A de fa nouvelle production, les Cheveciers & Chanoines de S. Mederic comparoiffans en perfonne devant les Doyen & Chapitre de Paris, Raoul de Bonfens est nommé avant ledit Chalop, ainfi que Chalop est en quelque autre acte nommé avant Pierre du Bourg, dont il estoit l'ancien, ce qui marque une entiere égalité : Que fi ces réponfes ne fatisfont pas M. Roslin, on en est bien fafché pour luy, puis qu'il n'est point fucceffeur de Chalop, c'est ce qui luy paroist peut-estre un paradoxe, & c'est neantmoins une verité, que l'on luy prouvera nettement.

Cotte G.

Le terme d'antiquité de fondation n'est point dans le testament, & c'est ce qu'il est fort à propos de bien remarquer.

F ij

Cotte G.

La feconde piece de la prefente Cotte, eft un extrait tiré des regiftres du Chapitre de Paris, des 4. 11. & 16. Aouft 1406. dans lefquels Me Denis de Mauregard eft qualifié *fous-Chevecier* de l'Eglife de faint Mederic.

Bien loin de contredire cette piece, le fieur Cocquelin reconnoift qu'elle eft authentique, & remercie le fieur Roflin de la luy avoir produite, comme eftant une piece decifive de fon bon droit, & pour le luy bien faire entendre ; & afin que Meffieurs les Arbitres n'ayent aucun fujet d'en douter.

Il faut remarquer que le defir de primauté s'eft tellement emparé de l'efprit de Monfieur Roflin, que fans examiner l'ordre & la fuite de la fucceffion entre les Titulaires des deux portions de la Chevecerie-Cure de faint Mederic ; auffi-toft qu'il a veu quelques marques de préeminence ou de priorité dans l'un defdits Titulaires, il n'a pas manqué de le prendre pour luy ; délors qu'il a veu des marques d'inferiorité dans l'autre, il n'a pas manqué de les donner à fon Collegue.

Monfieur Rôlin eft fucceffeur de Mauregard, lequel n'eft qualifié que fous-Chevecier par Meffieurs de Noftre-Dame.

C'eft ce qu'il a fait dans la difficulté dont il s'agit ; car fans examiner fi Mauregard eft fon predeceffeur, ou celuy de fon Collegue, il le luy a hardiment affigné ; parce qu'il l'a trouvé traité de fous-Chevecier : mais pour commencer à éclaircir cette difficulté, & à luy tenir parole fur ce qui a efté dit cy-deffus de Chalop : Le fieur Cocquelin fouftient que de Mauregard eft predeceffeur du fieur Roflin, & que Iacques Branlard eft le fien, & il fe foumet non feulement à la perte de la caufe, mais mefme à celle de fon Benefice ; & à telle peine qu'il plaira à Meffieurs les Arbitres de luy impofer, en cas qu'il ne le prouve manifeftement : C'eft ce qu'il fera lorfqu'il examinera les pieces produites par ledit fieur Roflin mefme, pour la fucceffion de leurs predeceffeurs, & pour eftablir la poffeffion de fa Primatie imaginaire, & ce feul article bien prouvé doit decider le procés.

Ce feul article nettement prouvé, fuffit pour decider le procés.

La troifiéme eft un extrait d'un regiftre Capitulaire de l'Eglife faint Mederic, commançant en l'an 1529. & finiffant en l'an 1541. commançant en ces termes, *decima*

quinta Martij 1537. Capitulantibus Dominis Dudrac, Mondi- Cotte G.
not, &c. dans lequel il paroiſt que le ſieur Dudrac Chevecier du coſté droit de ladite Egliſe, demande l'execution
du teſtament de Chalop en ſa faveur ; voicy les termes,
præfatus Dominus Dudrac hujus Eccleſiæ capicerius à parte dex-
tra, dixit accepiſſe quod capicerius Eccleſiæ in cujus locum ſuc-
ceſſit antiquitùs fundaverat panem capitularem durante qua-
drageſima, & quod ſui prædeceſſores dum erant præſentes habe-
bant quatuor panes ; & in eorum abſentia duos dumtaxat &
ſupplicavit Dominis ut ſuper hoc id adviſarent & ſibi facerent
rationem, ita quod, ſi ita eſſet id obſervarent ſervandum nihil
volebat innovare ; d'où le ſieur Roſlin conclud la ſucceſſion
invariable de ſes predeceſſeurs, dans la portion de Chalop
qui eſt celle du coſté droit ; puis que Dudrac eſtoit le dernier de reception, & qu'il ne laiſſe pas de l'occuper.

Pour contredit à cét acte il faut obſerver que Dudrac,
ſelon les principes meſme que poſe Monſieur Roſlin n'eſt
point ſucceſſeur de Chalop, ainſi qu'il le ſuppoſe ; on
convient qu'il eſt predeceſſeur de Monſieur Roſlin, mais
on ſouſtient qu'il eſtoit Doyen de Noſtre-Dame, & qu'en
cette qualité il prit la premiere place au deſſus de Mondinot ; ce que Mondinot euſt eu mauvaiſe grace de luy con-
teſter, puis qu'en qualité de Doyen de l'Egliſe de Paris il
eſtoit ſon ſuperieur, ce qui eſt ſi vray que dans le premier
Sinode qui ſuivit ſa reception, parce que Mondinot eſtoit
l'ancien ; il fut appellé le premier, mais Dudrac fit rayer
ſon nom, & ſe fit eſcrire au deſſus de Mondinot.

Ainſi quoy que dernier de reception, il prit dans l'E-
gliſe de ſaint Mederic la place du coſté droit, qui luy appartenoit en qualité de Doyen du Chapitre de Paris, comme eſtant la ſienne dans l'Egliſe de Noſtre-Dame, & à
plus forte raiſon dans celle de ſaint Mederic, qui en eſt
fille & dependante, & parce qu'il eſtoit dans ladite place,
il ſe pretendit ſucceſſeur de Chalop ; & qu'il devoit jouïr
du legs par luy fait à ceux, qui devenant les anciens, ſuc-
cedoient à ladite place.

En effet s'il n'y eut point eû de difficulté dans la choſe
qu'il demandoit, ſi la place euſt eſté fixe par fondation ;

& s'il avoit eſté ſucceſſeur de Chalop, ainſi que le ſieur Roſlin pretend, il n'auroit pas eu beſoin de preſenter re-queſte au Chapitre de ſaint Mederic pour joüir dudit legs ; & c'eſt pourquoy il ne parle qu'avec beaucoup d'incerti-tude de ſa pretention, ſur laquelle il ne paroiſt point que le Chapitre de ſaint Mederic luy ait fait droit ; ce qui euſt eſté neantmoins ſans difficulté, ſi la pretenſion du ſieur Roſlin avoit lieu ; & partant on doit induire de ladite pie-ce tout le contraire de l'induction qu'en tire le ſieur Roſlin.

On peut remarquer auſſi que ces mots, *in cujus locum ſuc-ceſſit*, ſont eſcrits en interligne, & que cette addition n'eſt point approuvée, meſme dans la collation ; auſſi ne peut-elle eſtre veritable, comme il paroiſtra cy-apres.

La quatriéme eſt un extrait de la proviſion de Nicolas Guiche predeceſſeur dudit ſieur Roſlin, ſur la reſignation de Pierre Guiche ſon oncle ; elle eſt de l'année 1592. du 2.

du mois d'Octobre ; en voicy les termes, ALTERA POR-TIO CAPICERIATUS *Ecclesiæ ſancti Mederici una cum ſemi-Præbenda ejuſdem Ecclesiæ ei annexa à parte dextra.*

C'eſt quelque choſe d'aſſez ſingulier que Monſieur Rô-lin ne puiſſe produire de titre qui par ces propres principes ne milite contre ſes pretentions ; il nous a appris dans ſon inventaire de production, que la portion de ſon Collegue doit eſtre cenſée la ſeconde, parce qu'elle ſe trouve ap-pellée *altera*, il dit que *ce terme* altera *en bonne latinité, équi-pole* à ſecunda, *que dans la pure latinité ces deux termes ſont ſynonimes, & que la propre ſignification du Proverbe* alter *dans la pure latinité eſt* ſecundus ex duobus, ſi bien que par ſon propre principe, & ſelon ſa pure latinité, ſi l'une des deux portions eſt ſeconde ; il prouve invinciblement que c'eſt la ſienne, puis qu'il eſt certain que ledit Guiche eſt ſon pre-deceſſeur, & que la proviſion dudit Guiche qu'il produit icy auſſi bien que de beaucoup d'autres de ſes predeceſſeurs, qu'il a pû voir dans la production du ſieur Cocquelin,

porte ce terme ALTERA PORTIO.

Si quelque habile Grammairien avoit à répondre à cette induction, il diroit peut-eſtre. Voila ce que c'eſt de mar-cher en païs inconnû : La pure latinité n'eſt pas quelque

choſe de ſi aiſé à concevoir que l'on s'imagine, elle ne s'ap- *Cotte G.*
prend pas, non plus que les autres ſciences, ſans y avoir
donné beaucoup de temps; le ſieur Roſlin permettra donc
que l'on luy diſe qu'en pure latinité *le pronom*, & non pas
le *proverbe alter*, indifféremment attribué à deux choſes,
ne ſignifie ny premier ny ſecond, & ſignifie au contraire
que ny l'une ny l'autre des deux choſes, n'eſt proprement
première ny ſeconde, & que c'eſt la propre ſignification
de ce pronom.

Que ſi ce Grammairien vouloit aprofondir la choſe, il
ne manqueroit pas de bonnes preuves, il diroit que le pronom alter répond à L'E῟TEΡΟΣ des Grecs, lequel re-
peté deux fois par rapport à deux choſes differentes, ne ſe
dit pas moins purement de la première que de la ſeconde;
mais pour ſuivre de plus près la pure latinité il diroit que
quand Titelive rapporte qu'Hanibal perdit un œil au
paſſage d'un marais en Italie, & que cét autheur s'exprime en diſant qu'Hanibal perdit *alterum oculum*, s'il arrivoit
que quelqu'un ſelon cette nouvelle intelligence de la pure
latinité, voulut traduire que ce grand Capitaine perdit
ſon ſecond œil, il y a grande apparence qu'il ſe feroit ſif-
fler des moindres grimaux de Grammaire, il produiroit
Quintecurſe qui dit, que Staſicrate voulut faire du mont
Athos une ſtatuë d'Alexandre qui tiendroit *altera manu* une
ville, & qui verſeroit *altera manu*, un grandfleuve: il cite-
roit l'Orateur Romain dans l'Oraiſon *pro Quintio*, dans En bonne latinité.
laquelle après avoir dit que deux choſes luy ſont contraires, la faveur de ſa partie & l'eloquence d'Hortenſius, il
adjouſte *quarum alteram vereor, alteram metuo*, & il concluroit qu'il faut eſtre bien delicat en fait de pure latinité,
pour ne ſe pas contenter de ces exemples & de ces au-
thorités.

Mais ſi ce Grammairien eſtoit un peu Iuriſconſulte, il Selon la juriſ-
prudence.
rapporteroit une infinité de loix, dans leſquelles le terme
ALTER répond à *alter. uter, quilibet*, *quivis, unus ex duobus*, &
il diroit que quand il y a deux conditions impoſées avec la
particule diſjunctive, c'eſt une loy receuë qu'il ſuffit que
altera impleatur, & il ne manqueroit pas de prier Monſieur

Cotte G.

Selon l'efcriture.

Roſlin de demander à Meſſieurs ſes Advocats, ſi c'eſt à dire qu'il ſuffit que l'on accompliſſe la ſeconde condition.

Enfin ſi ce Grammairien avoit jetté par hazard les yeux ſur l'Efcriture-Sainte ; entre une infinité d'exemples qu'il pourroit en rapporter, il incommoderoit ſans doute un peu Monſieur Roſlin s'il luy demandoit une bonne verſion de ce texte de l'Apoſtre aux Galates, chapitre 6. *alter alterius onera portate,* puis que s'il le tournoit felon l'intelligence qu'il a de la pure latinité, il ne trouveroit dans ſes pretenſions perſonne qui voulut luy ayder à porter ſon fardeau ; mais c'eſt peut-eſtre ce qu'il ſouhaiteroit autant à le prendre en un ſens qu'il auroit ſujet de le craindre, ſi l'on vouloit l'entendre dans un autre.

Le ſieur Cocquelin ne pretend pas que le ſtile des proviſions du Benefice ſoit un ſtile de pure latinité.

Mais laiſſons le diſputer de la pure latinité avec les Grammairiens, & diſons que ſi nous pretendons que ce terme ne ſignifie proprement ny premier, ny ſecond ; quand il eſt indifferemment employé pour deſigner deux choſes, nous ne pretendons pas pour cela ce qu'il faut de neceſſité que Monſieur Roſlin pretende dans ſon raiſonnement, & ce qui ne s'accorde guere avec le ſentiment des gens qui ſe connoiſſent un peu en bon Latin, que le ſtile des proviſions ſoit un ſtile de pure latinité ; Mais nous pretendons que ce terme a eſté employé dans les proviſions des deux Cheveciers de ſaint Mederic durant trois cens années, comme un terme neceſſaire pour ſignifier qu'il n'y a ny premier, ny ſecond entr'eux ; que ſi Monſieur Roſlin n'en veut pas demeurer d'accord, & s'il perſiſte à pretendre qu'il ſignifie toûjours ſecond ; on le prie de trouver bon que l'on le renvoye de la Grammaire au bon ſens, pour nous dire d'où vient qu'il ſe rencontre dans les proviſions de ſes predeceſſeurs ; & pour nous expliquer comme quoy par les titres meſmes qu'il produit, il pourra s'empeſcher de reconnoiſtre qu'eſtant leur ſucceſſeur il ne doit eſtre que le ſecond.

Le terme alter indifferemment employé & dans les proviſions des

Partant ledit ſieur Cocquelin tire de ladite proviſion & de toutes celles des predeceſſeurs dudit ſieur Roſlin ; dans leſquelles ledit terme *altera* eſt employé, comme auſſi de tous les actes où leſdits Cheveciers ſont appellez indifferemment

remment *alter capicerius* , une induction toute contraire
aux pretentions dudit sieur Roslin & à sa primauté imaginaire ; ladite induction invinciblement fondée , & sur le
principe du sieur Roslin , & sur la verité de la chose.

Il faut donc observer que ce terme *alter* ou *altera* se trouve
indifferemment employé, soit quand il est parlé des deux
Titulaires ; soit quand il est parlé des deux portions durant
plus de trois cens années, c'est à dire depuis l'an 1300. jusques au commencement du dix-septiesme siecle , & l'on ne
peut s'empescher de demander à Monsieur Roslin comment il pourroit selon ses principes faire une bonne version
de ces paroles de Messier l'un de ses predecesseurs. *Ego
Philippus Messier alter capiceriorum sancti Mederici*, l'acte
est produit par Monsieur du Hamel sous la Cotte L. & ac-
compagné de la provision dudit Messier sous le terme *alteram portionem.*

Et il est bien extraordinaire que ne pouvant produire
dans un si long espace de temps aucun titre qui porte le
mot de premier ou de second , & au contraire tous les
termes marquant une entiere égalité , si ce n'est quand ils
prouvent que les predecesseurs de Monsieur Roslin, n'ont
esté que sous-Cheveciers , il pretend neantmoins establir
une inegalité par les titres mesme qui la detruisent.

On veut bien demeurer d'accord que ledit Nicolas Guiche fut installé à droit, mais on seroit bien fondé de sou-
stenir que ce fut une pure usurpation occasionnée par le
changement qu'avoit apporté ledit sieur Dudrac ; lequel
par l'union de deux Benefices aussi incompatibles que sont
le Doyenné de Nostre-Dame & la Cure de saint Mederic,
a commancé de mettre la confusion dans ladite Cure , & a
donné lieu à ses successeurs de pretendre d'abord une simple preseance, à laquelle ses predecesseurs n'avoient jamais pensé, ce qui a esté porté jusques à affecter dans la
suite une primatie & une superiorité sans aucun fondement.

Et quand bien mesme il seroit vray que les predecesseurs
du sieur Roslin auroient esté tous installés à droit, & que
ce seroit une place fixe, ce qu'il ne prouvera jamais ; par
quelle nouvelle jurisprudence pourroit-il nous prouver

G

Cotte G.
deux portions,
& lors qu'il
est parlé des
deux Titulai-
res.

Le sieur Du-
drac a com-
mancé de
troubler l'or-
dre de l'Eglise
de saint Mede-
ric par la pre-
seance dont il a
jouy en quali-
té de Doyen
de l'Eglise de
Paris.

qu'entre perſonnes d'un meſme corps pourveuës de meſme
Office, Benefice ou dignité, il y ait ſuperiorité ou inferiorité ſelon preciſément qu'elles ont place ou à droit ou à
gauche ; Mais ſi l'on luy prouve au contraire que dans
quelques Egliſes les Eveſques ſont placés à gauche, & que
dans celle de Paris Monſieur l'Archidiacre de Paris lequel
à de droit qualité de premier & de grand Archidiacre,
& tous les honneurs & la preſeance au deſſus de Monſieur l'Archidiacre de Joſas, eſt placé à gauche apres
Monſieur le Chantre, & que Monſieur l'Archidiacre de
Joſas eſt à droit immediatement apres Monſieur le Doyen ;
ne peut-on pas conclure avec toute la certitude poſſible,
que ſelon l'uſage de l'Egliſe de Paris, qui doit ſans doute
ſervir de regle pour celle de ſaint Medèric, la ſeance à

*La ſeance à
droit en plu-
ſieurs Egliſes,
& principale-
ment en celle
de Paris, n'em-
porte aucune
preſeance.*

droit n'emporte d'elle-meſme non ſeulement aucune ſuperiorité, mais meſme aucune preſeance ny primauté ;
principalement entre deux perſonnes qui ſont reveſtuës
d'un meſme Benefice, & qui ont meſme employ & meſme
qualité, autrement, & ſi cét admirable raiſonnement de
l'Advocat de Monſieur Roſlin avoit lieu, par lequel il
advance qu'*il y a une* SUBORDINATION ESSEN-
TIELLE ET NATURELLE, *entre deux perſonnes, dont
l'une eſt premiere, l'autre ſeconde ; la primauté de l'une eſtant
une cauſe univerſelle qui produit ſes effets dans tous les ſujets
où ils peuvent s'appliquer :* Il s'enſuivroit que Monſieur le

*Selon le rai-
ſonnement de
l'Advocat de
Monſieur Rô-
lin. Monſieur
le Grand Ar-
chidiacre ſe-
roit le ſupe-
rieur de Mon-
ſieur l'Archi-
diacre de Joſas,
& Monſieur
l'Archidiacre
de Joſas ſeroit
le ſuperieur de
Monſieur le
Grand Archi-
diacre.*

premier Archidiacre ſeroit le ſuperieur de Monſieur l'Archidiacre de Joſas, parce qu'il eſt premier, & ſelon le raiſonnement du meſme Advocat, qui veut que *la place à
droit, emporte* PREEMINENCE, SUPERIORITE' ET
PRIMAUTE' ; il s'enſuivroit que Monſieur l'Archidiacre de Joſas pourroit pretendre PREEMINENCE, PRI-
MAUTE' ET SUPERIORITE' ſur Monſieur l'Archidiacre de Paris : L'on prouve la ſeance de Meſſieurs les
Archidiacres, par le certificat de Meſſieurs du Chapitre
de Paris, qui eſt produit ſous la cotte   de la nouvelle
production du ſieur Cocquelin.

Ainſi l'on répond à cette induction du ſieur Roſlin par la
precedente, & l'on veut bien que ſa place ſoit à droit de-

puis quel temps il luy plaira, pourveu que ſa portion ſoit
la ſeconde ſelon l'intelligence qu'il a de la pure latinité, &
qu'elle ſoit égale ſelon la veritable intelligence que l'on
doit en avoir, & ſelon qu'elle le doit eſtre par tous les titres qu'il produit.

La cinquiéme du premier Fevrier 1597. eſt un extrait
tiré des regiſtres de l'Egliſe de ſaint Mederic, contenant
une concluſion capitulaire faite au ſujet de la diſtribution
du pain de Chapitre, au bas de laquelle eſt l'acte de
l'approbation qui avoit eſté donnée par ledit Mᵉ Nicolas
Guiche comme ſucceſſeur dudit Chalop, *ce qui eſtablit la
ſucceſſion de ladite premiere portion de Chevecerie-Cure,* ſelon
que le pretend le ſieur Roſlin, *depuis ledit Chalop juſques audit Guiche.*

Pour contredit à ladite piece, on répond que Chalop
n'eſt point predeceſſeur dudit Guiche, puis que Guiche
eſt ſucceſſeur de Mauregard ſous-Chevecier, & que ſelon
Monſieur Rôlin meſme, Chalop eſt predeceſſeur de
Branlard; ainſi il eſt conſtant que ledit Nicolas Guiche a
fait inſerer ce qui luy a plû dans cét acte qui ne peut eſtre
d'aucune conſideration.

On répond en ſecond lieu qu'il paroiſt par les Actes Capitulaires du meſme Chapitre des années 69. 70. 71. &
72. & par ceux de la Communauté de la meſme Egliſe;
que Louys d'Alençon a eû la preſeance ſur Pierre Guiche,
oncle & reſignant dudit Guiche ſon neveu; & que par
conſequent la place dudit Guiche ne devoit luy donner
aucune primauté: C'eſtoit une uſurpation toute nouvelle
que Pierre Guiche venoit d'introduire par le pretendu reglement de 1581. dont eſt appel; & cét acte ne peut eſtre
conſideré, que comme une ſuite de cette entrepriſe contraire à tous les titres precedents, & à une poſſeſſion de
prés de trois ſiecles.

On veut bien obſerver auſſi, quoy que l'on n'y ait pas
d'intereſt, que par le meſme acte Chalop eſt encore qualifié *capicerius alterius portionis;* ſurquoy ſi Monſieur Rôlin continuë de pretendre que Chalop ſoit ſon predeceſſeur, on le prie de ſe tenir à l'intelligence qu'il a de la pure

Cotte G. latinité, & de ſe contenter du contredit que l'on vient d'y fournir.

Les 6. & 7. du 9. May 1571. ſont extraits tiréz des Regiſtres de Paris de la partition des Benefices eſtant à ſa collation, dans leſquels on trouve ces termes: *Prima portio Capiceriatus Eccleſiæ S. Mederici Pariſienſis, cum Canonicatu & Semipræbenda ei annexis quos tenet Magiſter Petrus Guiche: Altera portio Capiceriatus Eccleſiæ S. Mederici cum Canonicatu, & Semipræbenda ejus Eccleſiæ ei annexis quos tenet Magiſter Ludovicus d'Alençon.*

Acte de la partition ne peut eſtre deciſif, puiſque ce n'eſt qu'une deſignation.

Quoy que M. Roſlin veule dire, cette piece ne peut eſtre d'aucun poids dans la deciſion des differens dont il s'agit, puis qu'il eſt conſtant que l'on ne peut y avoir mis ces termes de *prima & altera*, que par forme de deſignation, ſans aucun deſſein d'innover, ny de rien changer dans les Benefices, ainſi que le Chapitre le declare, par le meſme acte, *Necnon dicta Beneficia annecti affectari & dividi prout annexa affectata, & diviſa ſunt ſeparatim.* En effet, le ſeul deſſein du Chapitre fut d'attribuer la collation de ces deux portions à deux perſonnes differentes, & non pas de juger entre les deux portions s'il y en avoit une premiere, & une ſeconde; & qu'elle eſtoit la premiere, & la ſeconde; & afin qu'il n'y euſt point de confuſion, comme il auroit pû y en avoir, ſi on avoit mis à toutes deux *altera portio.* On donna à celle qui vint la premiere le nom de *prima*, & celle qui vint la ſeconde fut appellée *altera*.

Il y a bien quelque apparence que Pierre Guiche homme de credit, fit paſſer la ſienne la premiere; mais ce qui eſt à obſerver, & ce qui montre ſans replique que le Chapitre de Paris ne pretendoit pas par là avoir rendu une portion en elle-meſme premiere par rapport à l'autre; c'eſt

Réponſe ſans replique à l'induction que le S. Roſlin tire de l'acte de la partition des Benefices dependans du Chapitre de Paris.

que cette meſme portion de Pierre Guiche, qui fut appellée PRIMA, dans la partition eſt appellée ALTERA dans la proviſion de Nicolas Guiche ſucceſſeur de Pierre, comme elle avoit eſté nommée dans la proviſion dudit Pierre, Monſieur Roſlin vient de nous la produire ſous la Cotte precedente; Meſſieurs les Arbitres trouveront ſans doute que ce Contredit eſt ſans replique. Et l'on peut y adjoûter que ledit Guiche, & le S. Roslin estant successeurs de Mauregard Souschevecier, il est impossible de toute impossibilité que leur place soit premiere, & qu'elle ait aucune préeminence sur celle de leurs Confreres.

La huitiéme du 30. Decembre 1605. est un extrait des Registres du Chapitre de Paris, contenant la provision de Guy Houissier en ces termes : *Capiceriatus, seu officium primi Capicerij.*

On répond que cét acte est une suite des Sentences dont est appel, que c'est la premiere provision conceuë en ces termes, qu'elle a esté expediée sans examiner la chose, & sans que la partie interressée en ait eu connoissance, que c'estoit une suitte de la brigue qui ne cherchoit qu'à abbais- ser Phanuel, ainsi qu'il paroistra par le contredit de la Sen- tence de 1597. & par consequent de nulle force & authori- té pour prouver les pretentions du S. Roslin, puisque les- dites Sentences dont est appel ne doivent pas estre justi- fiées par ce qui s'est fait en suite, mais seulement par ce qui les a precedé.

Cette réponse suffit pour détruire tout ce qui se trouve fait depuis lesdites Sentences ; les actes d'appel, les oppositions, les differentes poursuites, & les protestations faites depuis ledit temps par les predecesseurs du S. Cocquelin, & par luy-mesme estant plus que suffisantes, pour le mettre à l'abry de toutes les entreprises de son Collegue, & de ses derniers predecesseurs, non seulement dans tout ce qu'ils ont pû faire pour appuyer leur usurpation, mais mesme dans les choses ausquelles les predecesseurs du S. Cocquelin sembleroient avoir acquiescé : Surquoy il est necessaire d'observer, qu'il y a bien de la difference entre le droit veritable & les entreprises des parties, principalement entre des Ecclesiastiques ; car ceux qui sont prevenus des maximes de leur devoir, sont ordinairement obligez de ceder aux entreprises, & á la hauteur de leur partie, & se contentent de faire de temps en temps quelques protestations, qui puissent leur servir devant les Iuges qui doivent regler leurs differens.

Le neufiéme est un autre extrait des Registres du Chapi-

Cotte G.
Premier acte
où l'on trouve
primus Capice-
rius en 1620.

Ce que le S.
Houiffier a pû
faire , ne peut
ny ne doit pre-
judicier, & par-
ce qu'il estoit
feul , & parce
que c'eft depuis
les Sentences.

tre de Paris du 17. Ianvier 1620. où ledit Houiffier eft appellé *primus Capicerius Canonicus femipræbendatus* , & demande d'eftre receu *ad Capiceriatum vel femipræbendam fi-*
niftra portionis , qui luy avoit efté refignée.

Le precedent contredit répond fuffifamment à cette piece , auquel il fuffit d'adjoûter que ledit Houiffier eftoit
feul , & qu'il parloit comme il luy plaifoit : Phanuel luy
avoit remis fon Benefice en la perfonne de Langlois fon
Vicaire dés l'an 1616. ils en eftoient en pourparler long-
temps auparavant , & l'on doit pluftoft s'étonner de ce que
Houiffier , qui avoit fuccedé au defir de Primer, dont les
Guiches avoient efté animéz , n'a pas fait d'avantage pour
détruire l'autre portion, qu'il n'y a lieu de s'étonner de ce
qu'il a fait.

La dixiéme du 14. Decembre 1613. eft une Sentence renduë par l'Official du Chapitre de Paris, où ledit Houiffier
eft qualifié *primus Capicerius*.

On adjoûte à toutes les réponfes precedentes, qui ne
fuffifent que trop pour infirmer cette Sentence, qu'elle
n'eft point donnée avec Phanuel feul intereffé à ladite
qualité, que ledit Houiffier prenoit en vertu des pretendus
jugemens dont eft appel.

La Onziéme du 7. Aouft 1631. eft la provifion de Monfieur Barré , dans laquelle fa portion eft qualifiée *prima*
portio.

Premiere pro-
vifion où l'on
trouve le mot
de *prima portio,*
eft de l'an 1630.
trois cens tren-
te années aprés
la divifion de la
Chevecerie-
Cure en deux
portions.

On répond que c'eft la premiere innovation dont on fe
plaint, & que l'on juftifie eftre contraire à une poffeffion
de 330. années, puis que c'eft la premiere provifion aprés
celle de Houiffier, dans laquelle on a employé ce terme,
& que c'eft ce qui a donné lieu aux autres pretentions.

On répond , *fecundò* , que c'eft la fuite manifefte de la
Sentence dont eft appel, puifque c'eft le S. Ruellé qui con-
feroit cette portion à Monfieur Barré fon neveu, en faveur
de qui il executoit la Sentence, que luy ou fon frere avoit
renduë contre Phanuel.

On répond en troifiéme lieu, que Meffieurs du Chapitre n'avoient point d'autre penfée quand ils employerent
le mot de *prima* dans cette provifion, que de la rendre con-

forme à la defignation faite de cette portion dans l'acte de
la partition de leur Benefice, fans aucun deffein de luy rien
attribuër au prejudice de l'autre : En effet aprés avoir reconnu les pretentions des derniers titulaires de cette portion, ils ont affez fait voir qu'ils ne croyent pas qu'il y ait
rien de decidé en leur faveur, puifque le S. Roflin n'ayant
rien oublié pour faire en forte que le terme *fecunda* fut employé dans la provifion du S. Cocquelin ; il n'a pû en venir
à bout, & il n'y a rien de moins vray que ce que le S. R. a advancé à cét égard dans fon inventaire folio 76. & 77. la verité eftant que le S. Cocquelin ignoroit s'il eftoit queftion
du terme *prima* ou *fecunda* dans fa provifion, qu'il l'atten-
doit fans rien fouhaiter de particulier à cét égard de Meffieurs de Noftre-Dame, que M. Roflin commança de fol-
liciter que l'on y mift le terme *fecunda* ; que M. Cocquelin
en ayant efté adverty, il les fupplia de ne point employer
aucun terme dans fa provifion, qui pût luy porter prejudice : Il fut entendu dans le Chapitre avec fon Confrere, &
Meffieurs du Chapitre aprés avoir nommé des Commiffaires pour examiner la chofe, font demeurez d'accord que
cette difficulté fut jointe au refte des differens qui font entre les deux Cheveciers, pour eftre terminez par Meffieurs
les Arbitres.

La 12. & la 13. qui font les actes de l'inftalation dudit S.
Barré, & de l'enregiftrement de fes provifions, font fujettes au mefme contredit, & ne meritent pas de nouvelle
réponfe.

La 14. la 15. & la 16. qui font les provifions dudit Amiot,
& du S. R. font détruites par le mefme contredit, auquel
on adjoûte qu'ayant efté expediées, durant & au prejudice de l'inftance dont il s'agit, elles doivent encore eftre
moins confiderées, que la provifion du S. Barré.

On peut auffi obferver que tous ces actes portent *Capiceriatus five Curæ*, & c'eft pourquoy ils font employéz dans
la production du S. du Hamel, fous la Cotte C C. pour
monftrer que la Chevecerie, & la Cure ne font qu'un mefme titre, & une mefme chofe, d'où le S. Cocquelin conclud qu'il y doit avoir égalité toute entiere, auffi bien dans
l'une que dans l'autre.

Cotte G.
Meffieurs du
Chapitre de
Paris ont affez
fait connoiftre
qu'ils n'ont eû
aucun deffein
d'innover.

Le S. Roflin
impofe à fon
Confrere fur
cét article, com-
me fur une infi-
nité d'autres.

Cotte G.

On peut obferver de plus que toutes ces provifions portent toûjours, *jure cujuflibet falvo*, pour faire voir que l'intention des Superieurs n'eft point de prejudicier aux droits
de l'autre portion.

Cotte H.

LA Cotte H. contient 52. pieces, qui font des extraits
des Contracts qui fe trouvent dans le Chapitre de S.
Mederic, & des comptes de la Communauté, depuis 1404.
jufques en 1595. defquels le S. Roflin pretend induire, *que
ceux qui ont efté pourveus de fa portion de Chevecerie-Cure,
ont efté toûjours nommez les premiers dans tous les actes faits
au fujet d'icelle, & dans les comptes de la Communauté, au
lieu que ceux qui ont efté pourveus de l'autre portion, n'ont
efté nommez qu'aprés, quoy que fouvent ils fuffent les premiers
en reception.*

**Difcuffion im-
portante à la
decifion de l'af-
faire.**

C'eft icy que l'on fupplie tres-humblement, & tres-in-
ftamment Meffieurs les Arbitres, & tous ceux qui verront
cét écrit, de donner toute leur attention, comme s'agiffant de la difcuffion d'une induction, qui eft de la derniere
importance au jugement de l'affaire, & dont le contredit
eft decifif de la caufe, & fuffit feul pour détruire toute la
production du S. Roflin, & pour convaincre les efprits les
plus préoccupez qu'il ne fe peut rien adjoûter à la juftice
des pretentions de fon Confrere.

Les 17. premieres pieces, & la 24. prouvent que M. Si-
mon de Bourich, Iacques Branlard, Iean Riviere, Iean de
Lolive, & Charles Sac font fucceffeurs dans une mefme
portion, & pour parler avec M. Roflin qu'ils font PRE-
MIERS CHEVECIERS, & que d'une autre part M.
Pierre Vallée, Denis de Mauregard, Iean Beaupere, Iean
Travely, Guy Bourdelot, Henry Tibouft, & Vaft Sanfon
font Cheveciers fucceffivement de l'autre portion, & pour
parler comme M. Roflin qu'ils font les SECONDS ET
DERNIERS CHEVECIERS.

Il faut eftre bien prevenu de l'efprit de dominer, & d'ac-
querir une fuperiorité fur les autres, ou il faut avoir bien
mauvaife opinion, & des Iuges, & de fa partie, pour advancer auffi hardiment que le fieur Roflin le fait icy une
preuve auffi forte pour prouver le droit de fon Collegue,
qu'eft

qu'eſt celle qu'il produit par les pieces enoncées.

On demeure d'accord que Charles Sac a eſté ſucceſſeur de Iean de Lolive, Iean de Lolive de Iean Riviere, Iean Riviere de Iacques Branlard, & Iacques Branlard de Simon de Bourich, & qu'ils ont preſque toûjours primé ſur Vaaſt Sanſon, Henry Tibouſt, Guy Bourdelot, Iean Travely, Iean Beaupere, Denys de Mauregard, & Pierre Valle ou Ballet leurs collegues. Mais le ſieur Cocquelin pretend que Simon de Bourich, Iacques Branlard, Iean Riviere, Iean de Lolive, & Charles Sac ſont ſes predeceſſeurs; & que Vaaſt Sanſon, Henry Tibouſt, Guy Bourdelot, Iean Travely, Iean Beaupere, Denys de Mauregard, & Pierre Ballet ſont les predeceſſeurs du ſieur Roſlin; on luy laiſſe le ſoin de tirer la conſequence, & l'on ſe charge de celuy de bien prouver les premiſſes.

Les preuves ſont tirées, *primò*, des Synodes du Chapitre de Paris, dans leſquels la ſucceſſion des Cheveciers de S. Mederic paroiſt, au moins depuis l'an 1416. avec toute la certitude & la netteté poſſible; car il eſt arrivé, & c'eſt quelque choſe d'aſſez particulier, que jamais les deux Cheveciers ne ſont morts, ou n'ont quitté leur Benefice en meſme temps. De ſorte que l'un des deux eſtant mort, l'autre a toûjours ſurveſcu juſques à ce qu'il y ait eu des Synodes, & ainſi la ſucceſſion dans chaque portion eſt conſtante & manifeſte, puis que dés lors que deux Cheveciers ont comparu enſemble au Synode en meſme année, il eſt impoſſible qu'ils ſe ſoient ſuccedez l'un à l'autre, parce qu'il eſt conſtant qu'ils ont eſté collegues & contemporains; & il eſt toûjours vray de dire que ce ſont les deux titulaires des deux differentes portions; & par conſequent en ſuivant cette ſucceſſion, il n'eſt rien de plus aiſé que de marquer ceux qui ſe ſont ſuccedez dedans chaque portion, ainſi que l'on a fait par une Table Chronologique tirée de l'extrait deſdits Synodes, qui ſera produite en bonne forme avec l'extrait des Synodes.

La deuxiéme preuve auſſi invincible que la premiere que le ſieur Roſlin a fournie luy-meſme, & qui par conſequent ſe trouvant jointe à la verité, doit luy fermer la

H

Cotte H.

Dans le defaut des preuves veritables, le ſieur Roſlin prend pour ſes predeceſſeurs ceux de ſon Confrere, & il luy attribuë les ſiens.

Cette verité bien prouvée ne laiſſe aucune difficulté dans l'affaire.

Premiere preuve qui eſt ſans replique.

Succeſſion des Cheveciers-Curez de S. Mederic, demeure nettement prouvée par les Synodes de l'Egliſe de Paris.

Seconde preuve invincible, & tirée de Monſieur Roſlin meſme.

Cotte H.

bouche, & luy oſter toute ſorte de replique; c'eſt que Baudoüin David eſt ſucceſſeur immediat de Charles Sac.

Eſtrange preoc-cupation.

Pour entendre cette preuve, il faut ſuppoſer que le ſieur Roſlin dans le deſſein de primer, a pris avidement tout ce qu'il a creu favoriſer cette intention; qu'il s'eſt attribué tous les anciens Cheveciers qu'il a trouvé les premiers nommez durant quelques ſuittes d'années, & qu'il a donné à ſon Collegue, tous ceux qu'il a trouvé les ſeconds nommez, ou qu'il a veus inſtallez à gauche. Ayant donc trouvé que Charles Sac avoit primé ſur ſes Collegues, il l'a pris pour ſon predeceſſeur, & voyant que Baudoüin David eſtoit inſtallé à gauche, il a trouvé bon de le donner pour predeceſſeur à ſon Collegue, l'extrait de la proviſion qu'il a produit de Baudoüin David, pour prouver qu'il avoit eſté inſtallé à gauche, employé ſous la cotte P, a donné lieu au ſieur Cocquelin de rechercher la proviſion veritable par laquelle il eſt conſtant que ledit Baudoüin David eſt ſucceſſeur de Charles Sac, & qu'il a eu ſon Benefice avec ſa place; & cette proviſion jointe à la preuve des Synodes, par leſquels il paroiſt qu'effectivement ledit Baudoüin David a ſuccedé audit Charles Sac, auſſi bien qu'auſdits de Lolive, Riviere, & Branlard, eſt une demonſtration invincible & tirée du ſieur Roſlin meſme, que le ſieur Cocquelin eſt ſucceſſeur deſdits Charles Sac, Iean de Lolive, Iean Riviere, Iacques Branlard, & que le ſieur Roſlin eſt ſucceſſeur de Vaaſt Sanſon, Henry Tibouſt, Guy Bourdelot, Iean Travely, Iean Beaupere, & Denys de Mauregard, leſquels ſelon la verité prouvée par les meſmes Synodes, & par divers actes, & reconnuë par ledit ſieur Roſlin, ont eſté preſque toûjours primez par leurs Collegues, predeceſſeurs dudit ſieur Cocquelin.

Troiſiéme preuve entiere-ment deciſive.

Mais afin qu'il ne reſte aucune difficulté dans l'eſprit de Monſieur Roſlin à cét égard. On veut bien apporter une derniere preuve; mais ſans replique de cette verité, & produire les proviſions de ces titulaires, par leſquelles il demeurera conſtant que le ſieur Cocquelin eſt ſuccſſeur deſdits Branlard, de Lolive, & le Sac, que le ſieur Roſlin a pris pour ſes predeceſſeurs, & que ledit ſieur Roſlin eſt

successeur de Henry Tiboust, Guy Bourdelot, Iean Tra- *Cotte H.*
vely, Iean Beaupere, & Denys de Mauregard qu'il assigne
à son Confrere ; ce qui estant invinciblement prouvé par
les provisions, par les Synodes, & par les preuves tirées du
sieur Roslin mesmes, on luy laisse encore une fois le soin
de tirer les consequences de ces veritez, & on le prie luy
& son conseil d'y chercher quelque bonne réponse.

On luy laisse en mesme temps le soin d'expliquer pourquoy Denys de Mauregard est appellé Sous-Chevecier, &
pourquoy il ne logeoit point proche l'Eglise. Il voit bien
qu'à present il y est le seul interessé.

Mais il y a plus : Dans le mesme desir de s'attribuer tous
ceux qu'il a creu pouvoir faire passer pour premiers, il a
étably un ordre au delà de Branlard, & luy a donné pour
predecesseurs Simon de Bourich, & Guillaume Chalop.

Le sieur Cocquelin répond que par droict acquis natu- *Selon cette suc-*
rellement aux parties, il prend acte de la production du *cession des Che-*
sieur Roslin, que Chalop est predecesseur de Branlard, & *veciers de S.*
Mederic, & se-
par une suitte necessaire comme il est invinciblement suc- *lon les preuves*
cesseur de Branlard, il le doit estre aussi de Chalop, & par *mesmes du sieur*
consequent si les successeurs de Chalop sont en vertu de *Roslin, il n'est*
point successeur
son testament les anciens de fondation, le sieur Roslin est *de Chalop.*
prié de vivre avec son Confrere dans la dépendance, la
subordination, & l'inferiorité qu'il travaille à établir entre les seconds & les premiers Cheveciers, puis que l'on
veut estre persuadé que ce n'est pas pour son interest per-
sonnel qu'il veut établir cette subordination, mais seulement par l'amour qu'il a pour la Iustice, & pour s'acquitter du serment qu'il a fait de conserver à un Benefice les
droicts qui luy appartiennent, ainsi qu'il le proteste en plusieurs endroits de son Inventaire.

Il y a encore quelque chose de plus particulier. Dans
la noble émulation de se faire successeur des grands hommes, & de ceux qui ont eu l'avantage sur leurs Collegues,
le sieur Roslin ayant trouvé que dans un Contract de 1304.
Henry de Giem est traité de Monseigneur, & qualifié
Magister & Provisor domus pauperum mulierum. C'est à dire
en ce temps-là : Proviseur d'un Hospital de pauvres fem-

mes prés la porte du Temple ; & à prefent, du Monaftere des Dames Vrfulines de fainte Avoye, il n'a pas manqué de le prendre pour luy. Mais on a trouvé que dans le Regiftre du Chapitre de S. Mederic, par un acte Capitulaire dont il a efté obligé de reconnoiftre la verité, ainfi qu'il l'avouë par fa production ledit Henry de Giem n'eft que le fecond nommé apres Reginaldus de Nigella, en ces termes : *Magiftri Reginaldus de Nigella, & Henricus de Giemo Capicerij*, & cét acte eft de l'an 1300. fi bien que comme il n'y a point d'acte precedent où il foit parlé de deux Cheveciers, & qu'il n'y a guere d'apparence qu'il y en ait eu deux auparavant, puifque par la production mefme de Monfieur Roflin en 1293. fept ans feulement auparavant il n'y en avoit qu'un, & que mefme il recognoift fous la cotte B de fon Inventaire, qu'il n'y en a eu deux qu'en 1300. Si la fable populaire que Monfieur Roflin pretend authorifer avoit lieu, il s'enfuivroit que cét Henry de Giem feroit ce premier Coadjuteur, ce Vicaire élevé à la dignité de Sous-chevecier ; & que par fa propre confeffion eftant fon fucceffeur, il ne feroit que Coadjuteur, que Sous-chevecier ; en un mot que Vicaire, & qu'il ne pourroit rien faire que dans la dépendance & du confentement du fieur Cocquelin, qui doit avoir receu de fes predeceffeurs tous les droicts, avantages & prerogatives dont ils ont efté en poffeffion avec leurs Confreres Sous-cheveciers predeceffeurs du fieur Roflin.

Que s'il fe trouve que ledit de Giem eft nommé le premier, il fe trouvera auffi que ce n'eft qu'apres la mort de Reginaldus de Nigella, & avec Iean Garcielo fucceffeur de Nigella, ainfi que le fieur Cocquelin le prouve par un acte du premier Fevrier 1301. qu'il produit fous la cotte de la production nouvelle.

Si Monfieur Roflin ou fon Advocat avoient à traiter une femblable méprife, il y a bien de l'apparence qu'ils ne feroient pas grand fcrupule de dire que celuy qui y feroit tombé feroit *bien poffedé de l'efprit d'entreprife.* Il eft vray que cette expreffion eft un peu barbare ; mais n'importe. Elle fatisfait en quelque forte l'inclination qu'ils ont d'écrire

avec tant d'animosité, l'un contre son Collegue, & l'autre
contre son Pasteur, qui a essayé de luy rendre toutes les
honnestetez & les civilitez dont il a pû s'adviser. Il y a
bien de l'apparence aussi qu'ils l'accuseroient hardiment de
peu de candeur à declarer la verité des choses, pour les tourner
selon ses desseins, & qu'ils ne manqueroient pas d'adjouster à
tous ces grands mots. Celuy de passion aveugle dont ils diroient
qu'*il est preoccupé, qui l'oblige de s'engager dans des contradi-*
ctions. Et il semble qu'ils auroient quelque sujet d'en parler
ainsi ; au moins en auroient-ils beaucoup plus que quand
ils les ont employez pour répondre à une simple protestation conceuë avec toute la moderation possible ; puis que
la pensée d'estre en égalité avec le sieur Roslin ne passera
jamais aupres des gens connoissans que pour une passion
fort bornée, & bien peu capable d'aveuglement, & que le
desir de primer par toute sorte de moyens pourroit estre
sans bornes & sans mesures.

Mais on se contente de soûtenir que le sieur Branlard est
predecesseur du sieur Cocquelin, que Denys de Mauregard
le Sous-chevecier est predecesseur du sieur Roslin ; c'est
une verité à laquelle il faudra toûjours revenir, & contre
laquelle tout ce qui a esté fait est manifestement nul &
abusif, & il s'ensuit de plus par les preuves tirées des pieces produites par Monsieur Roslin, que le sieur Cocquelin
est successeur dudit Branlard, de Simon de Bourich, de
Guillaume Chalop, & de Reginaldus de Nigella, tous
Cheveciers reconnus pour premiers par ledit sieur Roslin.

Monsieur Ro-
lin est succes-
seur de Maure-
gard Sous-che-
vecier. Mon-
sieur Cocque-
lin de Iacques
Branlard.

Il est vray qu'au dessus de Guillaume Chalop l'égalité
est si entiere entre les titulaires des deux portions que le
sieur Cocquelin offre de prendre pour predecesseurs ceux
que Monsieur Roslin trouvera bon de luy laisser ; mais depuis Chalop inclusivement jusques à luy, il pretend demeurer dans la succession que la verité & la production mesme
du sieur Roslin luy donne.

Il reste une difficulté qui consiste à sçavoir pourquoy
lesdits le Sac, Riviere, de Lolive, Branlard, & de Bourich,
predecesseurs du sieur Cocquelin, ont eu cette sorte de
préseance au dessus de leurs Collegues. Si l'on n'avoit

Ceux qui
eftoient Do-
cteurs de la Fa-
culté de Paris,
precedoient en
ces premiers
temps leurs
Confreres.

point peur de déplaire à Monfieur Roflin on luy diroit
qu'ils eftoient peut-eftre Docteurs de la Faculté de Paris
qui pour lors eftoient en quelque confideration, & qu'en
ces temps-là ceux qui n'avoient pas l'honneur d'eftre de ce
corps n'en prenoient ny le nom ny les marques, & ne faifoient pas difficulté de leur ceder, lors qu'ils fe trouvoient
en égalité dans le refte. La chofe eft conftante de Charles Sac par fa provifion mefme, que le fieur Cocquelin
produit, & on le prouveroit bien de quelques autres, &
par les regiftres de la Faculté, & par quelques pieces de la
production de Monfieur Roflin. Mais on veut bien ne pas
s'arrefter à cette réponfe, & dire qu'encore qu'ordinairement on euft égard à l'ancienneté de reception, comme il
fe voit manifeftement par les actes des Synodes, fi ce n'eft
que quelqu'un des deux fuft conftitué en quelque dignité
comme il eft arrivé de Dudrac, & de quelques autres qui
eftoient Chanoines de l'Eglife de Paris; neantmoins il eft
évident que l'on les nommoit indifferemment tantoft devant & tantoft apres.

L'antiquité de
reception ne
donnoit aucun
avantage.

C'eft ce que Meffieurs les Arbitres font inftamment fuppliez de remarquer, pour preuve que l'antiquité de reception n'eftoit pas mefme une regle inviolable pour la préféance dans les premiers temps, & que les deux Cheveciers
vivoient dans une parfaite égalité, comme ne tenant la
place que d'un feul Beneficier, & deffervant leur Benefice
fans aucune jaloufie ny émulation, qui n'a commencé de
divifer l'Eglife de S. Mederic, & de la plonger dans tous
les defordres qui font infeparables de la divifion, que depuis que l'un des deux a voulu fe tirer de pair, & a pris le
deffein de fe tenir au deffus de fon Collegue, & de fe le
rendre inferieur.

La 18. 19. & jufques à la 28e piece, font des extraicts des
comptes rendus par le Receveur de la Communauté des
Chapellains, & autres Beneficiers de S. Mederic, dans
lefquels Meffier, quoy que dernier receu, eft le premier
écrit par le Chapellain receveur defdits comptes.

On convient que Meffier eft predeceffeur du fieur Roflin,
& qu'il a fuccedé à Iean de S. Lomer, lequel Iean de S.

Lomer eſtoit ſucceſſeur de Vaaſt Sanſon ; & on convient *Cotte H.*
auſſi qu'il eſt toûjours nommé le premier dans les comptes
de la Communauté ; mais on ſoûtient que ces ſortes de
comptes n'ont aucune authorité, & que ſi Meſſier y eſt
nommé le premier, il n'eſt nommé que le dernier dans les
Synodes de Noſtre-Dame, & que Guillaume Cornet predeceſſeur dudit ſieur Cocquelin a eu durant 18. ans la préſeance ſur ledit Meſſier predeceſſeur du ſieur Roſlin dans
les Synodes, & ſur Iean de S. Lomer predeceſſeur dudit
Meſſier ; d'où il reſulte avec la confirmation de tout ce qui
eſt dit cy-deſſus touchant les predeceſſeurs des parties, que
dans les Synodes on s'arreſtoit ordinairement à l'antiquité
de reception, ainſi que l'on le fera voir en répondant à l'extrait deſdits Synodes produit par le ſieur Roſlin, & qu'ail-
leurs il dépendoit du Scribe de mettre l'un ou l'autre le
premier ; ainſi Meſſier ayant eſté Chapellain de ladite
Egliſe, a toûjours eſté mis le premier dans les comptes de
la Communauté, dreſſé par un Chapellain ; & comme ils
n'affectoient ny prééminence, ny ſuperiorité, ils laiſſoient
la choſe à la liberté de ceux qui tenoient la plume, ce qui
eſt ſi vray que dans le compte de 1514. Cornet ſigne avant
Meſſier, & que preſque dans tous les actes & les contracts
dont un grand nombre eſt produit par le ſieur Duhamel
ſous les Cottes I, & L, & dont pluſieurs ſont faits par les
Chanoines capitulairement aſſemblez, ledit Cornet eſt
nommé avant ledit Meſſier, & avant Iean de S. Lomer
predeceſſeur de Meſſier, quoy que preſent ; ce qui eſt une
preuve manifeſte que ſi ledit Meſſier eſt nommé devant
Cornet dans les comptes de ladite Communauté, on ne
peut en conclurre autre choſe, ſi ce n'eſt que cét ordre
dépendoit abſolument du Secretaire ; d'où le ſieur Cocquelin tire la preuve certaine d'une égalité parfaite.

Les 29. 30. & juſques à la 36ᵉ piece de ladite Cotte juſtifient que ledit Meſſier & Cornu ſon ſucceſſeur, ont eſté
écrits avant Mondinot ſucceſſeur de Cornet, & avant
Gontier ſucceſſeur de Mondinot.

L'on ne peut avoir produit ces ſortes de pieces, non plus
que beaucoup d'autres, que pour groſſir un Inventaire,

Marginal note: Cornet reconnu pour prede-
ceſſeur du ſieur
Cocquelin par
le ſieur Rôlin
meſme, a eu la
préſeance ſur
ſes Collegues
durant 18 ans.
C'eſt à quoy,
auſſi bien qu'à
une infinité
d'autres raiſõs,
on voudroit
bien que Mon-
ſieur Rôlin &
ſon Conſeil
vouluſſent ré-
pondre.

puis qu'il eſt conſtant que leſdits Meſſier & Cornet. eſtoient plus anciens de reception que Mondinot & que Gontier, & par conſequent il n'y a rien en cela qui puiſſe favoriſer la pretenſion du ſieur Roſlin.

Les 37. 38. juſques à la 46ᵉ font ſemblables extraicts de ladite Communauté, ſur leſquels il eſt contre toute ſorte d'apparence de pouvoir decider dans l'affaire dont il s'agit, puis que ces ſortes d'actes ne ſont d'aucune authorité, & qu'ils ſe faiſoient ſans la participation des parties, & ſelon le caprice d'un Secretaire Chapellain, qui quelquefois n'eſt pas grand Clerc.

Il arrive meſme ſouvent qu'ils écrivent les choſes contre le ſentiment de la compagnie, & que comme les affaires qui s'y traitent ne ſont pas de grande conſequence, elles demeurent ainſi écrites long-temps, juſques à ce que l'on vienne par hazard à s'en appercevoir, comme par exemple, les derniers Secretaires de ladite Communauté ayans eſté gens dévoüez pour diverſes raiſons aux ſieurs Amiot & Roſlin, ils avoient par une eſpece de bonne volonté donné à ces Meſſieurs la qualité de premiers & plus anciens Cheveciers de fondation; & comme on ne relit point ces ſortes d'actes, ainſi qu'il devroit eſtre obſervé, la choſe eſtoit demeurée long-temps en ces termes. Mais la Communauté s'en eſtant apperceüe, & le Receveur en ayant

fait ſa plainte, il fut dit par deliberation du Ieudy 14. Mars 1667. que ladite qualité ſeroit rayée dudit Regiſtre, par tout où elle ſe trouveroit employée, & deffenſes au Secretaire de la plus mettre à l'advenir, comme eſtant contraire à l'ancien uſage, le ſieur Cocquelin produit l'acte de ladite deliberation ſous la cotte V, de ſa production nouvelle.

Ainſi quoy que Meſſier & Rainſy un de ſes predeceſſeurs, ſe trouvent mis les premiers dans leſdits comptes, ce n'eſt pas une preuve que cela deuſt eſtre, puis que meſme il eſt conſtant que durant les ſix premieres années il n'eſt nommé que le ſecond dans les Synodes de Paris, qui doivent faire ſans doute plus de foy que les regiſtres de la Communauté de S. Mederic; & neantmoins tant deſdits Synodes que des regiſtres de S. Mederic, & des comptes de la

Communauté

Communauté pris enfemble : Le fieur Cocquelin con- *Cotte H'*.
clud qu'il n'y avoit nulle primauté, nulle antiquité, de
fondation ; mais une égalité parfaite entre les Cheveciers, & que mefme on s'arreftoit peu à l'ancienneté de
reception.

Les 47. 48. jufques à la 57. & derniere, prouvent que
Pierre Guiche a efté nommé devant le Poultier, & de
Morainnes.

On répond qu'il eftoit l'ancien de reception, & pour
prouver que l'on n'obfervoit nul ordre en ce temps dans
lefdits comptes de Communauté, on en produit dans lefquels le Poultier, quoy que dernier de reception eft nommé avant Pierre Guiche.

Surquoy il eft bon d'obferver que Monfieur Roflin ne D'Alençon a
dit rien à l'égard de Louys d'Alençon, Collegue dudit precedé Pierre
Pierre Guiche, & fucceffeur de le Poultier ; la raifon eft Guiche.
que d'Alençon preceda ledit Pierre Guiche, & eft nommé
le premier dans les affemblées Capitulaires, & dans celles
de la Communauté de faint Mederic, conformément à la
Sentence de Meffieurs du Chapitre de Noftre-Dame de
1569. par laquelle le Chapitre donne quelque advantage à
l'ancien de reception ; ce que Louys d'Alençon fit executer en fa faveur : C'eft pourquoy il eft enfuite nommé le
premier dans le Chapitre de faint Mederic, avant ledit
Pierre Guiche prefent.

Le fieur Roflin n'a point trouvé de meilleure réponfe à
ladite Sentence, que de s'infcrire en faux contr'elle.

Le fieur Cocquelin n'a pas grand intereft de la foustenir,
comme il paroift affez par tout ce qui a efté dit jufques à
prefent, & comme il paroiftra encore dans la fuite ; puis
que pretendant qu'il n'y a point de primauté de fondation;
que s'il y en avoit une, elle luy appartiendroit, & que celle
de reception n'a jamais mis de difference entre les Cheveciers de faint Mederic; c'eft au fieur Roflin de tâcher d'affeurer à fon antiquité de reception les advantages que le
droit-commun luy donne.

SOus la Cotte I. le fieur Roflin pour confirmer ce qu'il *Cotte I.*
a advancé fous la Cotte precedente, produit treize

I

Cotte I.

pieces, par lefquellesil prouve que Simon de Bourich, Iacques Branlard, Iean Riviere, Iean de Lolive, Charles Sac, font les premiers Cheveciers, & qu'ils fe font fuccedédans une mefme portion, & que Pierre Vallé ou de la Vallée, Denis de Mauregard, Iean Beaupere, Guy Bourdelot, Henry Tibouft, & Vaft Sanfon, font les feconds Cheveciers, & qu'ils fe font fuccedés dans l'autre portion.

Le fieur Cocquelin auroit droit de pretendre l'ancienneté de fondation, s'il y en avoit une; puis que le fieur Roflin ne fe fonde pour la pretendre que fur les avantages des predeceffeurs du fieur Cocquelin.

Le fieur Cocquelin en eft déja demeuré d'accord, & s'il eftoit porté du defir de primer dans la Cure de faint Mederic, & d'affecter une fuperiorité telle que fon Collegue veut fe l'attribuer, il concluroit abfolument felon le droit qu'il en peut tirer par la production de fa partie, que la primauté de fondation accompagnée de cét équipage pompeux que le fieur Roflin veut y joindre luy fut adjugée, mais il a appris de l'efcriture que le veritable efprit de Pafteur n'eft pas celuy de domination, il fçait que c'eft une chofe indigne d'un Ecclefiaftique d'affecter une fuperiorité ambitieufe entre fes confreres; mais il conclud que fi felon la verité, & l'adveu mefme de fa partie, fes predeceffeurs quoy que derniers receus ont primé fur leurs Collegues; il ne luy fait point de tort de demander une égalité entiere felon les conclufions qu'il a eftimé juftes, & plus propres pour conferver la paix.

Les deux dernieres pieces prouvent que Pierre Guiche eft nommé avant le Poultier; on répond que le Poultier eftoit le dernier receu & obligé de ceder à Guiche, par plufieurs raifons perfonnelles, qui n'ont pas peu fervy à l'ufurpation que ledit Guiche & fon neveu ont commancée, & que les derniers Titulaires de la portion du fieur Roflin, fe font efforcés de confommer.

Cotte K.

SOus la Cotte K. le fieur Roflin produit un compulfoire fait à fa requefte avec le fieur du Hamel, pour juftiffier que les actes cy-deffus produits, tirés des regiftres du Chapitre & de la Communauté de faint Mederic, ont efté bien & deuëment extraits; il contient auffi plufieurs autres Extraits, d'Actes Capitulaires dudit faint Mederic, depuis l'année 1650. jufques en l'année 1666. dans lefquels on a donné quelquefois la qualité de *Capicerius primus* au

ſieur Amiot & au ſieur Roſlin, & meſme il s'en trouve Cotte K.
quelques-uns où l'on a donné celle de *Capicerius ſecundus* à
Monſieur du Hamel.

Le ſieur Cocquelin reçoit l'acte de compulſoire, en ce
qui regarde les pieces énoncées dans les Cottes precedentes, comme eſtant une preuve certaine que ſes predeceſſeurs ont eu la preſeance ſur ceux du ſieur Roſlin, & pour
les actes depuis 1650. il ſuffit de dire qu'ils ſont depuis l'inſ-
tance commencée, depuis laquelle comme les qualités ne
peuvent nuire ny prejudicier, auſſi ne peuvent-elles aider :
C'eſt à quoy ſi le ſieur Rôlin faiſoit un peu de reflection, il
n'affecteroit pas de prendre à chaque page, & dans toute
ſortes d'actes les qualités de *premier & plus ancien Chevecier*, de *premier & plus ancien Curé* DE FONDATION,
avec une repetition auſſi frequente qu'elle eſt inutile; ainſi
leſdits actes ne pourroient luy ſervir qu'en ce qu'ils marqueroient le ſentiment du Chapitre & de la Communauté
de S. Mederic touchant ſa primauté: or eſt-il que par les
actes en bonne forme que le ſieur Cocquelin produit ſous
la Cotte   Leſdits Chapitre & Communauté ont deſ-
avoüé le Secretaire en ce qu'il avoit donné qualité de ſecond audit ſieur du Hamel, & ordonné que celle de premier donnée audit ſieur Rôlin ſeroit rayée par tout où elle
ſe trouveroit employée, ce qui ſuffit pour répondre auſdits Extraits.

Le Chapitre de
ſaint Mederic
auſſi bien que
la Commu-
nauté a deſ-
avoüé tout ce
qui peut favo-
riſer les pre-
tenſions du
ſieur Roſlin.

Le reſte du compulſoire prouve par differents actes que
les predeceſſeurs du ſieur Cocquelin, leſquels le ſieur Rôlin a pris pour les ſiens, ont primé leurs Collegues dans
pluſieurs actes & contracts, & c'eſt de quoy le ſieur Cocquelin luy eſt obligé.

SOus la Cotte L. le ſieur Roſlin produit trois pieces Cotte L.
pour juſtifier de la primauté qu'il affecte, en ce qu'il
pretend *que les pourveus de la portion de Cure ayant ſeance du
coſté droit, ont eſté les premiers appellez au Sinode du Chapitre de Paris, meſme que pour en empeſcher la confuſion dans les
derniers temps; ils ont eſté diſtingués depuis 1630. par* PRI-
MUS ET SECUNDUS.

La premiere piece qu'il produit eſt un extrait du regiſtre

I ij

Cotte I.

desdits Synodes depuis l'année 1533. *ſequuntur Beneficiati in Ecclesia ſancti Mederici, & primò Capicerij Philippus Meſſier, Ioann. Mondinot.*

L'énoncé de cette page eſt prouvé clairement ſous la Cotte I. de la premiere production de M. du Hamel , & par l'extrait des Synodes de Paris.

C'eſt quelque choſe d'aſſez ſingulier, que le S. Roſlin ne produiſe l'extrait des Synodes que depuis l'année 1553. quoy qu'il n'y ait rien de plus facile que de les tirer depuis l'an 1416. & il eſt manifeſte que cette omiſſion ne peut avoir eſté affectée que pour couvrir la fauſſe ſuppoſition , par laquelle le S. R. s'attribuë les predeceſſeurs du S. Cocquelin , & qu'il ne commence en ce temps, que parce que Meſſier ſon predeceſſeur, ſe trouve le premier avec Mondinot ; mais c'eſt aſſez inutilement, puiſque Meſſier eſtoit ſon ancien de prés de 15. ans, & que le meſme Meſſier avoit eſté primé durant 16. ans par Cornet predeceſſeur du S. Cocquelin ; il eſt vray qu'un an aprés la mort de Meſſier , Dudrac ayant traité avec Germain Cornu ſucceſſeur de Meſſier, ledit Dudrac a toûjours precedé Mondinot , quoy que Mondinot fut l'ancien de reception.

Mais cette preuve n'eſt pas plus ſolide que la precedente , puiſque la premiere année qui ſuivit le deceds de Meſſier , & avant que Cornu eut reſigné à Dudrac, Mondinot qui avoit eſté toûjours nommé le dernier avec Meſſier, comme avec ſon ancien , eſt nommé le premier avec ledit Cornu.

Il eſt vray comme on a déja dit, que Dudrac comme Doyen de Noſtre-Dame, eſt toûjours nommé le premier, encore faut-il obſerver que la premiere année il fut mis aprés Mondinot , mais il ſe fit rayer & mettre au deſſus, ce qui ne peut avoir eſté, que parce qu'il eſtoit Doyen de l'Egliſe de Paris, ainſi qu'il eſt juſtifié dans la production du S. du Hamel ; & de fait ayant remis le Benefice à Cornu ſix années aprés, Mondinot, fut appellé le premier ; il eſt vray que Cornu dans les deux années ſuivantes eſt appellé devant Mondinot ; mais cette variation ne peut induire autre choſe , ſinon qu'il n'y avoit nulle primauté affectée à l'une des portions, autrement on n'auroit pas manqué d'appeller toûjours le premier celuy qui auroit eſté par droit de ſucceſſion pourveu de la plus ancienne & premiere portion.

Iudes Gontier ayant succedé à Mondinot, Germain Cor- *Cotte I.*
nu est toûjours appellé devant luy ; mais on n'en peut rien
tirer, puis qu'il estoit l'ancien de reception, & que Raincy
ayant succedé à Cornu, Judes Gontier predecesseur du S.
Cocquelin est appellé devant luy durant cinq années ; il
est vray que Raincy se trouve appellé le premier, & que les
Guiches ensuite furent ordinairement appellez devant
leurs Collegues, soit qu'ils fussent anciens de reception ou
non, & c'est ce qui a donné lieu de dire que Dudrac avoit
commencé de mettre la confusion dans cette maniere d'appeller les Cheveciers aux Synodes, aussi bien que dans la
Seance.

Il est donc constant que l'on ne doit tirer de cette variation qu'une induction qui soit certaine, qui est qu'il n'y
avoit aucune primauté de fondation reconnuë par les Superieurs entre lesdits Cheveciers, induction manifestement
contraire aux pretentions du S. Roslin.

Mais pour bien connoistre de quelle maniere on en a usé
jusques au dix-septiéme siecle, & verifier ce que l'on a advancé cy-dessus, que durant tout ce temps on n'avoit
égard qu'à l'antiquité de reception, à laquelle neantmoins
on ne s'arrestoit pas avec tant d'exactitude, que les derniers receus ne primassent quelquefois sur leurs Confreres,
principalement quand il y avoit quelque raison, ou quelque consideration particuliere. On produit l'extrait des
Synodes depuis l'an 1416. avec une table Chronologique,
desquels il sera facile de tirer l'ordre qui a esté gardé entre
les Cheveciers de S. Mederic dans les Synodes du Chapitre
de Paris : Et de cét ordre que les Cheveciers-Curez de S.
Mederic ont gardé entr'eux, authorisé par les Superieurs
dans leurs Synodes, s'ensuivent plusieurs veritez, qu'il est
necessaire d'observer.

Il s'ensuit que la suite des Cheveciers dans chaque por- La suitte & la
tion est certaine & constante par les Synodes de Nostre- succession des
Dame, selon laquelle le S. Cocquelin a succedé au S. Cheveciers est
du Hamel ; le S. du Hamel, au S. de Hillerin ; le S. de constante par
Hillerin, à Phanuel, par Houissier ; Phanuel, à de Mo- les Synodes de-
rainnes ; de Morainnes, à le Poultier ; le Poultier, à d'A- puis l'an 1416.

I iiij

lençon ; d'Alençon, à Fournier ; Fournier, à Gontier ;
Gontier, à Mondinot ; Mondinot, à Cornu ; Cornu, à
David ; David, à Charles Sac ; Charles Sac, à de Oliva ;
de Oliva, à Riviere ; Riviere, à Branlard ; Branlard, à de
Bourich ; & par conſequent ſelon M. Roſlin meſme à
Chalop, & à Nigella ; & que le S. Roſlin a ſuccedé au S.
Amiot ſon oncle ; le S. Amiot, à Monſieur Barré ; Monſieur Barré par Houiſſier à Filſac ; Filſac, à Nicolas Guiche ; Nicolas Guiche, à Pierre Guiche ſon oncle ; Pierre
Guiche à Nicolas Bude ; Nicolas Bude, à Raincy ; Raincy, à Cornu ; Cornu, à Dudrac ; Dudrac au meſme Cornu, de qui il avoit eu le Benefice, & à qui il le rendit ; ledit Cornu, à Meſſier ; Meſſier, à Iean de S. Lomer ; Iean
de S. Lomer, à Vaſt Sanſon ; Vaſt Sanſon, à Tibouſt ; Tibouſt, à Bourdelot ; Bourdelot, à Travely ; Travely, à
Beaupere ; Beaupere, à Mauregard Souſchevecier de l'E-
gliſe de S. Mederic.

Les predeceſ-
ſeurs du S. Coc-
quelin, quoy
que derniers de
reception, ont
primé ſur ceux
du S. Roſlin.

Secundò, Que les predeceſſeurs du S. Cocquelin ont eu
la preſeance ſur ceux du S. Roſlin, & lors qu'ils eſtoient les
anciens de reception, & quelquefois meſme, quoy qu'ils
ne fuſſent que les derniers, ſçavoir Branlard ſur Maure-
garp, qui eſt qualifié Souſchevecier par le Chapitre de
Noſtre-Dame, quoy qu'ancien de reception durant deux
ans, & ſur Iean Beaupere ſucceſſeur de Mauregard, durant
13. ans, Iean de Oliva ſur Iean Beaupere durant 4. ans,
quoy que ledit Beaupere fut l'ancien de reception, & ſur
Iean Travely & Guy Bourdelot durant onze ans ; Charles Sac ſur Henry Tibouſt durant ſept ans, Guillaume Cornet ſur Iean de S. Lomer durant deux ans, & ſur Philippe
Meſſier durant 16. ans, Iean Mondinot ſur Germain Cornu durant deux ans, Iudes Gontier ſur Iacques Rainſy durant cinq ans ; laquelle preſeance des predeceſſeurs du S.
Cocquelin, ſur les prededeſſeurs du S. R. eſtablie par les
Synodes de Paris, eſt encore confirmée par une infinité de
titres, actes, & Contracts produits par le S. du Hamel, par
le S. Cocquelin, & meſme par le S. Roſlin.

Tertiò, Que le S. Roſlin a pris pour ſes predeceſſeurs ceux
du S. Cocquelin, & qu'il luy a donné les ſiens contre toute

forte de verité, & de bonne foy pour cacher l'usurpation qui a esté faite par ses derniers predecesseurs, au prejudice de leurs Collegues predecesseurs du S. Cocquelin, & ce seul article invinciblement prouvé, détruit toutes les pretentions du S. R. non seulement par la force de la verité, mais mesme par ses propres principes, puisque ne pouvant pretendre plus d'avantages & de prerogatives, que ses predecesseurs, estant constant par son propre adveu, que ses predecesseurs bien loin d'avoir eu aucun advantage ou prerogatives sur leurs Collegues, leur ont esté inferieurs par les preuves qu'il en produit luy-mesme. Il doit aussi demeurer pour constant, qu'il ne peut pretendre justement aucun avantage ny prerogatives sur son Collegue successeur de ceux, qui par son propre aveu ont eu la preseance sur ceux ausquels il a luy-mesme succedé.

Cotte I.
Le S. Roslin a pris pour ses predecesseurs ceux de son Confrere. Cet article nettement prouvé suffit pour le jugement du procéz.

Quartò, Que le sieur Roslin n'a commencé de produire l'extrait des Synodes que depuis 1533. pour deux raisons; La premiere, pour cacher cette suitte, & cette succession des anciens Cheveciers dans chaque portion, & pour prendre ceux qui conviendroient le plus à ses desseins; La seconde, pour empescher que l'on ne connust que l'on n'a observé aucun ordre de preseance entre lesdits Cheveciers, durant trois *cent* ans, & que ordinairement on gardoit celuy de reception, ce qui auroit manifestement paru, s'il eut remonté un peu plus haut, puis qu'il ne pouvoit produire l'extrait des Synodes precedens, sans faire voir que le mesme Philippe Messier son predecesseur, par lequel il commence, & qui a esté nommé avant Mondinot, & Cornu ses Collegues, dont il estoit l'ancien de reception, n'a esté durant 16. ans nommé que le second, avec Guillaume Cornet predecesseur dudit Mondinot, & du S. Cocquelin.

Pour cacher cette usurpation le R. Roslin ne produit l'extrait des Synodes que depuis l'an 1533.

Quintò, Que la place ne peut avoir esté fixe à droit, supposé que la place à droit donne la preseance, ou que si elle a esté fixe, ceux qui l'ont occupée n'ont pas laissé d'estre precedez par ceux qui avoient la place à gauche.

Sextò, Il s'ensuit manifestement, que pas un desdits Cheveciers n'a pretendu durant trois cens ans, en vertu de sa

Ou les places n'ont jamais esté fixes, ou si elles l'ont esté, celle du costé droit n'a jamais donné aucune preseance. Durant 300. ans aucun des Cheveciers n'a pretendu primer à raison de sa portion.

portion aucune preseance ou prerogative sur son Confrere, puis qu'il est indubitable que celuy qui auroit pretendu ce droit, n'auroit jamais permis que l'on traitast les choses avec tant d'égalité, & quand bien mesme les titulaires auroient pû si fort renoncer à leurs droits, ce qui n'a aucune vray-semblance; jamais les superieurs n'auroient souffert que le second Chevecier eût esté nommé avant le premier, & le subalterne ou Coadjuteur avant son Superieur; d'où il s'ensuit que toutes ces belles qualitez, & ces pretenduës differences, sont des visions chimeriques, qui n'ont aucun fondement veritable, & qui s'estant formées dans l'imagination des derniers predecesseurs du S. R. ont esté soustenuës par l'inapplication de ceux qui devoient en arrester le cours, & qui ne se sont pas donné la peine d'entrer dans une discussion assez exacte des anciens titres, de l'usage des premiers temps, & du fonds de l'affaire.

Il ne sera pas inutile de remarquer encore icy, que selon la production de M. R. folio 38. vers. de son inventaire, M. Iean Sequence a esté seul Chevecier; que par un autre acte qu'il produit sous la Cotte. I. I. ledit Sequence estoit encore seul Chevecier en 1293. qu'il est obligé de reconnoistre qu'en l'an 1300. il y en avoit deux; sçavoir Reginaldus de Nigella qui est nommé le premier, & Henry de Giem qui est nommé le second; qu'il a pris Henry de Giem pour son predecesseur; qu'ainsi il faut de necessité selon ses principes que la division de la Chevecerie-Cure de S. Mederic en deux portions ait esté faite dans l'espace de ces sept années, c'est à dire entre l'année 1293. & l'année 1300. que mesme sous la Cotte B de son inventaire, il reconnoist que jusques en ladite année 1300. il n'y en a eû qu'un, & ce qui est decisif, c'est que dés l'instant de leur établissement, l'égalité entr'eux a esté si entiere, que ledit S. Roslin voulant prendre pour luy, celuy qu'il a estimé le premier; sçavoir Henry de Giem, parce qu'il l'a vû traité de Monseigneur, & qu'il est appellé Maistre & Proviseur de la Maison des pauvres femmes, à present dites de Sainte Avoye; il n'auroit effectivement pris que le second, s'il y avoit premier & second, puisque Reginaldus de Nigella est

est nommé avant ledit de Giem dans l'acte Capitulaire que le S. R. est obligé de reconnoistre pour authentique. Ainsi il est dans la necessité, ou de se reconnoistre luy-mesme successeur du second Chevecier, ou d'avoüer qu'il n'y a eû ny premier, ny second entre lesdits Cheveciers dés le temps de l'établissement, & c'est le seul party que la verité luy presente, & dans lequel estant déja entré sans y penser par la force de la verité mesme, le plus grand avantage qui luy peut arriver, est d'avancer volontairement dans le mesme chemin, & de ne se pas laisser vaincre malgré luy, puis qu'il faut de necessité que la verité triomphe toûjours de ceux qui luy resistent, soit en les soûmettant volontairement, soit en surmontant malgré eux les obstacles qu'ils luy opposent.

De cét ordre donc exactement tiré des extraits des Synodes, resultent plusieurs veritéz peu favorables aux pretentions du S. R. *Primo*, il demeure constant que les predecesseurs du S. Cocquelin sont ceux que le S. Roslin avoit pris pour luy. Et cette verité demeurera invariable, & suffira, pour confondre toutes les pretentions du S. Roslin, tout autant que l'on conservera des vestiges de la succession des Cheveciers de S. Mederic : *Secundo*, il paroist que pour l'ordinaire l'ancien de reception avoit la preseance, & estoit appellé le premier, & tous ceux qui voudront raisonner juste sur cette maniere d'appeller les Cheveciers de S. Mederic dans les Synodes du Chapitre de Paris, conclurront sans doute que l'on n'a jamais reconnu aucune primauté affectée à l'un des titulaires, en vertu de sa place, & de son Benefice, & que quand on n'a pas suivy l'ordre de reception, que le droit commun veut estre observé entre Curez ou Chanoines, il faut necessairement que ce soit à raison de quelque dignité plus considerable, dont l'un ou l'autre fut pourveu, & par consequent il s'ensuit en troisiéme lieu que les Superieurs de S. Mederic n'ont reconnu durant toute cette longue suitte d'années, aucune primauté ny préeminence de fondation entre lesdits Cheveciers ; & si les Superieurs n'en ont reconnu aucune, c'est quelque chose d'assez rare de voir que l'on pretend en

K

Cotte I.

Fol. 185.

Seul party que la verité offre au S. Roslin.

trouver dans la fuite ; partant ledit fieur Cocquelin employe pour réponfe à l'extrait du Synode; les Synodes mefmes à l'égard de la premiere & de la feconde piece produite fous la prefente Cotte, qui s'eftendent jufques en
l'an 1600.

La troifiéme piece de la prefente Cotte; eft un autre extrait defdits Synodes, commençant en 1601. par laquelle
il paroift que les predeceffeurs du fieur Roflin ont efté toûjours appellez les premiers en ce temps ; quoy qu'ils fuffent les derniers receus.

Pour répondre à cette piece, il fuffit de dire que c'eft un
effet des Sentences du Chapitre dont eft appel ; que l'abus
en eft manifefte , & que par confequent toutes les fuites ne
peuvent fubfifter ny prejudicier.

Mais outre cela, il eft neceffaire d'obferver que Meffieurs
du Chapitre de Paris, bien loin d'authorifer lefdites Sentences, & les pretenfions du fieur Roflin, quand ils ont efté
informés des fuites, & quand ils fe font apperceus que le
changement qu'ils avoient fait en 1631. dans les provifions,
& en changeant l'ancien ufage d'appeller les Cheveciers
aux Synodes, & que de ces changemens introduits feulement pour fervir de defignation , les fieurs Amiot & Rôlin en ont tiré des confequences fi extraordinaires & fi
contraires à l'efprit du Chapitre de Paris , il a dans le dernier Synode de l'année prefente remis les chofes au premier
eftat, & fans appeller *Capicerius primus* ny *Capicerius fecundus*; il fit appeller feulement felon l'ancien ufage, obfervé
fans interruption durant plus de trois cens années *Capicerÿ
fancti Mederici.*

Le fieur Roflin peut bien fe fouvenir que c'eft avec connoiffance de caufe que le Chapitre de Paris en a ufé de la
forte cette derniere année, puis qu'il eftoit prefent au Synode ; qu'il fit une proteftation , & que s'eftant prefenté
dans le Chapitre fuivant , il y fut entendu avec beaucoup
de patience , & qu'apres y avoir efté entendu, il fut arrefté
que les chofes demeureroient comme elles avoient efté
efcrites dans les regiftres le jour du Synode ; ainfi qu'il eft
juftifié par les actes dudit Synode du Chapitre de Paris,

produit fous la Cotte   de la production nouvelle du *Cotte L.*
fieur Cocquelin.

Ce qui fait voir affez quel eft l'efprit de Meffieurs du
Chapitre à l'égard de ladite qualité, & des pretenfions du
fieur Rôlin.

SOus la Cotte M. ledit fieur Rôlin groffit fon inventaire *Cotte M.*
fans augmenter fa production, & pour prouver *que
ceux qui ont efté pourveus de fa portion, font en poffeffion d'e-
ftre nommez les premiers dans l'Eglife de faint Mederic independemment de leur reception:* Il produit fept pieces, qui font
les mefmes qu'il a déja produites fous diverfes Cottes, qui
font des extraits des comptes de la Communauté de faint
Mederic depuis 1506. jufques en 1600.

Par la premiere, il prouve que Meffier dernier receu eft
nommé avant Cornet ancien de reception.

On répond qu'on a déja répondu que Cornet predeceffeur du fieur Cocquelin eft nommé durant deux ans devant
Iean de faint Lomer, & durant feize ans devant ledit Meffier dans les Synodes de Paris; il eft vray que le fieur Rôlin
pretend qu'il faut adjoufter plus de foy aux regiftres de la
Communauté de faint Mederic, qu'aux Synodes de Meffieurs du Chapitre de Paris. Si les chofes en eftoient redui-
tes à fouftenir ce point & à en perfuader les hommes, le
fieur Rôlin feroit obligé de recourir à une Rethorique un
peu forte.

Il produit les mefmes regiftres de la Communauté qui ont
mis au premier rang, Charles Sac, & les autres predeceffeurs
du fieur Cocquelin, que le fieur Rôlin a pris pour les fiens.

Cette caufe eft déja vuidée dans les Cottes precedentes,
& l'on n'a plus rien à dire qu'à continuer à remercier Monfieur Rôlin de ce qu'il travaille à affermir la primauté des
predeceffeurs de fon Collegue.

La deuxiefme, eft un extrait des actes Capitulaires du
Chapitre de faint Mederic, commençant en l'an 1529. jufques en 1340. par les trois premiers feuillets duquel Meffier eft devant Mondinot.

On répond que cela peut-eftre; & que Meffier eftoit le
premier de reception.

Depuis le quatriéme feüillet juſques à la fin : Dudrac quoy que dernier receu eſt avant Mondinot.

On a déja prouvé que Dudrac eſtoit Doyen de l'Egliſe de Paris , & quand un Chevecier de ſaint Mederic rendra toute ſorte de reſpect à un Doyen de Noſtre-Dame, quand meſme il ne traitera point D'ATTENTAT, les jugements par luy portés en qualité d'Official du Chapitre , il ſe fera honneur , & ne fera aucun prejudice ny à ſoy , ny à ſes ſucceſſeurs.

La troiſiéme prouve que Cornu dernier receu eſt devant Mondinot.

On répond que Dudrac a donné lieu ſans y penſer à ce changement qui a eſté interrompu par la preſeance que Iudes Gontier a eu durant cinq ans ſur Iacques Raincy ; ainſi qu'il a eſté juſtifié cy-devant , & ce meſme deſordre introduit par Dudrac fut corrigé par le ſtatut du Chapitre de Paris de 1569. lequel fut executé , & dans le Chapitre & dans la Communauté de ſaint Mederic , où Louys d'Alençon predeceſſeur du ſieur Cocquelin eſt nommé le premier en preſence de Pierre Guiche , dont il eſtoit l'ancien , & ce qui merite bien d'eſtre remarqué ; c'eſt que Pierre Guiche ayant eſté eſcrit le premier ſur le regiſtre : Louys d'Alençon eſtant ſurvenu au Chapitre, Pierre Guiche fut rayé ; ledit d'Alençon fut mis le premier , & ledit Guiche en ſuite , & cette meſme correction ſe trouve ſur les regiſtres de la Communauté de ladite Egliſe.

C'eſt donc bien inutilement que le ſieur Roſlin pretend que Iacques Raincy ſon predeceſſeur eſtoit abſent lors que Iudes Gontier predeceſſeur de ſon confrere a jouy de la preſeance ; puis qu'ayant eſté appellé le premier au Synode de Paris durant cinq années, & celuy qui fait l'appel dans leſdits Synodes, devant ignorer ſi ceux qui doivent comparoiſtre ſont abſens ; cette preſeance dans la nomination ne peut eſtre attribuée à l'abſence d'un confrere , & ce n'eſt pas moins inutilement que le ſieur Roſlin conclud de l'abſence pretenduë dudit Raincy qu'il dit avoir demeuré ordinairement à Corbeil, *que pendant ce temps un* SECOND *Chevecier ſe trouvant toûjours ſeul faiſoit toutes fonctions Curiales , & agissoit dans l'Eglise de saint Mederic avec beaucoup plus d'authorité , que s'il avoit eu un* SUPE-RIEUR *present :* ces sortes de visions ne meritent point de réponse , & mesme ces absences sur lesquelles on les veut fonder , se prouvent quelquefois fort mal : L'on en suppose en certaines occasions que l'on ne verifie pas bien, comme quand par exemple le sieur Amiot pour couvrir une course ambitieuse produisoit des certificats, par lesquels il prouvoit qu'il avoit envoyé à Rome un nommé *Adrien Rollin* pour courrier extraordinaire , qu'il disoit estre party de Paris le 22. Iuillet, & arrivé à Rome le 5. Aoust 1650. Monsieur Roslin sçait bien que dans ce temps-là ce pretendu Courrier extraordinaire ne pensoit rien moins qu'à courir : Ainsi il se peut faire que dans le temps où Monsieur Roslin dit que Raincy estoit à Corbeil , il estoit present ou au Synode ou à saint Mederic , quelque certificat qu'il rapporte du contraire.

Ainsi l'on croit suffisamment avoir répondu , & ausdites pieces , & aux quatres suivantes , qui marquent ce qui s'est fait en consequence des jugements dont est appel.

SOus la Cotte N. le sieur Roslin s'estudie de confirmer encore ce qu'il a déja *prouvé , que Denis de Mauregard estoit sous-Chevecier , & que Simon de Bourich , Iacques Branlard , Iean Riviere , Iean de Lolive , Charles Sac , ont esté premiers Cheveciers ; & se sont succedez les uns aux autres ; & que Mondinot , Iudes Gontier , d'Alençon & de Morainnes estoient , & plus anciens receus , & les derniers nommez avec Germain Cornu , Iacques Raincy , Pierre Guiche , & Nicolas Guiche leurs Collegues ,* pour le prouver il produit huit pieces ; la premiere , est l'employ des actes du Chapitre de Paris de l'année 1406. produites cy-devant sous la Cotte E. dans lesquels Maistre Denis de Mauregard est qualifié *subcapicerius sancti Mederici.*

On ne voit pas bien pourquoy il est ainsi qualifié : Mais c'est au sieur Roslin declaircir cette difficulté , puis qu'il est successeur dudit de Mauregard , & c'est quelque chose de fort singulier , que n'y ayant que cette marque d'inégalité ; outre les deux Cheveciers-Curés de saint Mederic durant trois cens années, elle tombe juſte ſur un des predeceſſeurs de celuy qui veut s'eriger *en ſuperieur, en premiere & plus eminente perſonne*, & qui ne traite ſon confrere que *d'inferieur, de dependant, de ſubalterne, de petit & de ſecond Curé.* *Donc*

On répond, que c'eſt au ſieur Roſlin de chercher une bonne réponſe à cette difficulté, puis qu'il s'agit de la dignité d'un de ſes predeceſſeurs, & de faire voir comment il ſe peut faire qu'eſtant ſucceſſeur d'un ſous-Chevecier; il ne laiſſe pas de vouloir eſtre *le premier de fondation*, & *le ſuperieur* de ſon confrere.

La ſeconde, du 21. Avril 1410. prouve que Simon de Bourich eſt predeceſſeur immediat de Iacques Branlard.

On répond qu'il eſt vray & que l'on eſt d'accord de luy avoir ſuccedé auſſi bien qu'à Branlard, & c'eſt ce qui deſtruit toutes les pretenſions du ſieur Roſlin, puis que ſelon qu'il le prouve luy-meſme; Chalop eſt predeceſſeur de Simon de Bourich, que Chalop, de Bourich, Branlard, Riviere, de Lolive, Charles Sac ont eu toutes ſortes de prééminences ſur leurs Collegues, & qu'il eſt conſtant que le ſieur Cocquelin eſt ſucceſſeur de Charles Sac, de Lolive, de Riviere, de Branlard, de Bourich; & par conſequent de Chalop.

La troiſieſme du 13. Octobre 1522. eſt un extrait d'un projet de proviſion de Maiſtre Iean Mondinot.

C'eſt une piece informe qui ne merite aucun contredit, & l'on ne voit pas ce que Monſieur Roſlin peut en induire.

Les 4. 5. & 6. ſont extraits de proviſion de Iudes Gontier, Louys d'Alençon, & de Claude de Morainnes.

Le ſieur Cocquelin les advouë pour ſes predeceſſeurs; mais puis qu'il eſt conſtant qu'ils ſont ſucceſſeurs de Charles Sac, Iean de Lolive, Iean Riviere, Iacques Branlard, Simon de Bourich, & Guillaume Chalop; s'ils n'ont eſté les premiers, ils doivent l'eſtre ſelon le raiſonnement meſme du ſieur Roſlin; auquel on le prie de vouloir répondre, & on adjouſte qu'ils ont auſſi quelquefois primé ſes predeceſſeurs, ainſi qu'il eſt prouvé cy-deſſus.

SOus la Cotte O. le ſieur Roſlin produit deux pieces Cotte O.
pour juſtifier *que ſes predeceſſeurs eſtoient en poſſeſſion de
faire toutes fonctions de dignité, ils ont eu la préeminence en
ladite Egliſe, en toute ſorte de temps; & que leurs Collegues
n'eſtoient autrefois appellés que* PETITS CUREZ, *& n'a-
voient fonction qu'en cas d'abſence ou d'empeſchement des*
PREMIERS CHEVECIERS *ou de leur* CONSENTE-
MENT.

La premiere, du 19. & 20. Mars 1578. eſt une declaration faite par quelques Chanoines & Parroiſſiens de ſaint
Mederic, dont Monſieur Roſlin invite Meſſieurs les Arbitres de prendre la lecture.

Le ſieur Cocquelin leur fait la meſme priere dans l'aſ- *Atteſtation
ſeurance qu'ils demeureront perſuadés. Primò, que cette mandiée, &
piece eſt mandiée, faite par gens devoüez audit Guiche, dont le fauſſeté
ſans authorité de Juſtice, ſans partie appellée; & que par eſt nettement
conſequent elle ne peut eſtre d'aucune conſideration. Se- prouvée.*
cundò, que puis que dans le reglement que Meſſieurs du
Chapitre de Paris, rendirent ſix mois apres, entre leſdits
Guiche, & le Poultier; ils n'eurent aucun égard à ladite
atteſtation, & qu'au contraire ils confirmerent l'égalité
qui avoit toûſiours eſté entre les Cheveciers; ainſi qu'il
demeurera pour conſtant; c'eſt une marque certaine, ou
que cette atteſtation a eſté fabriquée depuis, ou que l'on
ne la jugea pas digne d'aucune attention.

Tertiò, Meſſieurs les Arbitres entre pluſieurs fauſſetez
qu'ils pourront remarquer par la lecture de ladite piece en
trouveront une tres-manifeſte, en ce que les quatre Chanoines de ſaint Mederic certifient que ledit Pierre Guiche
a toûjours eu la preſeance dans les aſſemblées Capitulaires, & de la Communauté dudit ſaint Mederic, & neantmoins Meſſieurs les Arbitres verront que Louys d'Alençon
a eu durant quatre ans depuis le ſtatut de 1569. la preſeance ſur ledit Guiche, tant dans les aſſemblées Capitulaires, que dans celles de la Communauté en preſence dudit Guiche & deſdits Chanoines.

Quartò, La fauſſeté de l'énoncé dans cette piece, paroiſt
par les actes des aſſemblées generales des Marguilliers, &

des plus confiderables. Parroiffiens de ce temps, qui font
pieces authentiques; par lefquelles felon la production
mefme du fieur Roflin, lors qu'ils parlent de la maifon de
le Poultier; ils luy donnent la qualité de Curé & de Pafteur, & par une requefte de 1576. c'eft à dire un an feulement auparavant les Marguilliers de faint Mederic, demandent à Meffieurs du Chapitre de Noftre-Dame; que
les deux portions foient reünies, attendu qu'il eft difficile
qu'il n'y ait pas toûjours de la divifion entre deux perfonnes qui ont *puiffance égale*, qui eft la mefme raifon que les
Cheveciers de faint Mederic apportent audit Chapitre de
Paris, pour luy faire la mefme priere, lefdites pieces font
produites par le fieur Cocquelin fous la Cotte   de fa
nouvelle production, & il eft manifefte que la raifon portée par lefdits actes deftruit également, & ce qui eft alle-
gué dans ladite atteftation, & l'inégalité de fuperiorité
imaginaire que le fieur Roflin pretend eftablir.

Pour répondre donc encore à cette piece informe, on
peut employer l'information faite par le fieur Roflin au
fujet de la derniere Proceffion du faint Sacrement; dans
laquelle entre les perfonnes qu'il a fait entendre, il s'en
trouve qui font tellement preoccupées de la paffion de le
favorifer; qu'elles expofent des chofes entierement contraires à la verité.

La deuxiéme, eft un certificat des Chanoines de faint
Mederic du 15. Decembre 1650. qui n'eft pas plus confiderable que le precedent.

Primò, Parce qu'ils ont certifié ce dont ils ne pouvoient
avoir aucune connoiffance; ce certificat eft fait en 1650. le
fieur Hoüiffier avoit reüny les deux portions en 1616. il eft
decedé en 1631. Monfieur Barré eftoit le premier pourveu, & le premier mis en poffeffion; ainfi quand il feroit
vray qu'il auroit joüy de quelques advantages; ils n'ont
pû certifier fi c'eftoit en vertu d'une ancienneté de fondation ou de celle de reception.

Il eft certain de plus, que le fieur Barré ne vint refider à
faint Mederic que vers l'année 1648. fa charge de Confeiller de la Cour, fon Canonicat de Paris, & fa demeure
au

au Cloiſtre de Noſtre-Dame, ne luy permettant pas de ve- *Cotte O.*
nir faire ſes fonctions ; ainſi les ſieurs Hillerin , & du Hamel , qui ont eſté ſucceſſivement ſes Collegues , faiſoient
preſque ſeuls la fonction de Curé , & quand le S. Barré
vouloit s'en donner la peine, on pourroit luy avoir laiſſé par
honneur faire ce qu'il ſouhaitoit , ſans que cela pûſt eſtre
tiré à conſequence.

Il eſt vray qu'en 1649. ayant quitté ſa Charge de Con-
ſeiller de la Cour , & eſtant venu reſider à S. Mederic, il
pretendit quelques droits au prejudice dudit ſieur du Hamel, qu'il troubla dans ſes fonctions , & qn'en vertu des
Sentences du Chapitre de Paris, dont eſt appel, il demanda
la préeminence ſur ſon Confrere ; mais il eſt vray auſſi que
quelques pretentions qu'il euſt , il ne s'aviſa point de les
porter juſques où il plaiſt à preſent au ſieur Roslin de les
vouloir étendre.

Sur ces conteſtations il intervint Arreſt à l'Audience ,
& par proviſion ſeulement entre les parties que l'on examinera cy-aprés en ſon lieu , il ſuffit de remarquer icy que les
Chanoines de S. Mederic ont témoigné ce qu'ils ne pouvoient connoiſtre , & que l'on n'adjugea rien moins à
M. Barré que ce que le S. R. pretend aujourd'huy, quoy
que l'affaire n'eut pas eſté ſuffiſamment inſtruite par M. du
Hamel, à qui le credit de M. Barré fermoit toutes les Archives de l'Egliſe de Paris , & de celle de S. Mederic.

Que ſi les depoſitions faites en 1650. ne peuvent eſtre
d'aucun poids , parce que les conteſtations ſont plus an-
ciennes que ceux qui pouvoient dépoſer ; elles ſont beaucoup plus inutiles en 1667. mais il n'importe, il a fallu ſe
ſatisfaire, & quoy que Meſſieurs les Arbitres n'euſſent pas
jugé à propos d'ordonner une Enqueſte, ſur la demande
que le ſieur Roslin leur en avoit faite dés le 30. Decembre
1666. on a pris occaſion d'une action faite à la veuë du public , & de toute la Parroiſſe dans toute la modeſtie & le
reſpect que l'on pouvoit y apporter, pour faire une information criminelle, dans laquelle on a fait dépoſer des fauſ-
ſetéz & des calomnies , & on pretend en ſuitte la faire con-
vertir en Enqueſte pour continuer à ſoûtenir une cauſe

L

déplorée par des moyens infoûtenables.

Il eft conftant enfin que le Chapitre de S. Mederic eftoit deflors partie fecrette contre le S. du Hamel, ainfi qu'il fe declara un peu apres. C'eft pourquoy les Chanoines qui dépofent, decident toute la queftion contre luy ; ils déclarent qu'il y a primauté de fondation, & Meffieurs les Arbitres voyent prefentement fur quels principes on peut l'affeurer, ils certifient que les Statuts & Reglemens qui font intervenus entre les deux Cheveciers, ne font que pour l'Office de la Parroiffe, & non pas pour celuy du Chœur, ce qui paroiftra manifeftement contraire à la verité, lors que l'on examinera cette difficulté.

Cotte O.
Ils eftoient parties fecretes côtre M. du Hamel.

Ils decident toute la queftion fans l'avoir examinée, & certifient contre ce qui fera manifeftement prouvé.

Partant ledit certificat eft de nulle authorité, comme ayant efté donné par pure complaifance ; que les Chanoines de S. Mederic avoient pour le S. Barré, & qu'ils fignerent en fa faveur fans examiner l'affaire en queftion, qui merite fans doute une difcuffion plus exacte que celle qui pouvoit eftre faite par les Chanoines de S. Mederic, dans le fimple deffein d'obliger l'un des deux Cheveciers au prejudice de l'autre.

Cotte P.

SOus la Cotte P le fieur Roflin produit fept pieces, pour prouver *qu'il y a* SVBORDINATION *entre les deux Cheveciers, qui eft*, à ce qu'il pretend, *établie, non feulement par les titres anciens, mais auffi par les propres titres & provifion* de ceux qu'il appelle SECONDS CHEVECIERS, *qui ne peuvent jamais*, dit-il, *eftre recevables à demander les avantages de la* PRIMAVTE', *au prejudice de leur propre titre.*

Il s'agit de decider fi l'on doit employer les termes de *prima* & *fecunda* dans les provifions.
Le S. Cocquelin ne pretend aucune primauté, s'il y en avoir une, elle luy appartiendroit.

On pourroit répondre plufieurs chofes en general à cette induction ; La premiere, qu'il eft queftion des termes mefmes de PRIMVS & de SECVNDVS, fur lefquels le S. Roflin pretend fonder cette SUBORDINATION imaginaire ; La feconde, que le fieur Cocquelin ne pretend point de PRIMAVTE' ; La troifiéme, que l'on a fait voir au S. Roflin par les preuves qu'il a fournies luy-mefme, que l'on feroit affez bien fondé de la pretendre ; Et la quatriéme, que l'on eft toûjours receu à revenir contre toutes fortes de titres, quand on prouve manifeftement qu'il y a

erreur de fait, & ces réponſes generales ſuffiroient ſans
doute pour contredit à toutes les pieces qu'il peut apporter; mais parce qu'il n'en apporte point dont on ne ſe puiſſe ſervir contre luy, il eſt bon d'entrer dans le détail.

La premiere du 22. Iuin 1496. eſt une proviſion de la
portion de Chevecerie-Cure donnée par le Chapitre de
Paris à M. Baudoüin David, avec affeѐtation de ſeance, au
coſté gauche du Chœur de Noſtre-Dame, & de S. Mederic. *Marque certaine*, dit le S. Roſlin, *de* L'INFERIORI-
TÉ *de cette portion qu'il* qualifie hardiment SECONDE.

On répond, que ſi le S. Roſlin a pris la leѐture entiere
de la veritable proviſion, il veut bien que l'on luy diſe,
qu'il n'agit pas dans toute la bonne foy que l'on peut deſi-
rer, puis qu'il a deû voir que ledit Baudoüin David eſt ſucceſſeur de Charles Sac, & par conſequent de tous ceux qu'il
prouve luy-meſme avoir joüy des preſeances qui ont eſté les
marques de celles qu'il pretend, d'où il s'enſuit que ſi ceux
qu'il reconnoiſt avoir eſté premiers Cheveciers, ont eſté
inſtalez à gauche, l'inſtalation à gauche ne fait aucune
ſubordination : Et n'établit aucune inferiorité : Que s'ils
n'ont pas eſté inſtalez à gauche, les places n'ont pas eſté fixes : Que s'il n'a pas leû cette proviſion, il permettra que l'on
luy diſe que c'eſt traiter les choſes aſſez legerement; que
ſes pretentions meritent bien d'examiner les titres; & afin
qu'il le faſſe, on luy produit la proviſion dudit Baudoüin
David, par laquelle il reconnoiſtra qu'il eſtoit ſucceſſeur
dudit Sac.

Et pour ne luy laiſſer aucun ſcrupule ſur cét article, le
ſieur Cocquelin veut bien accompagner cette proviſion de
David de celles de ſes predeceſſeurs, en remontant depuis
luy, juſques à Simon de Bourich, afin que cette preuve qui
eſt ſans replique, eſtant jointe aux extraits des Synodes de
Paris, & au raiſonnement du S. Roſlin meſme, il puiſſe
juger *s'il eſt recevable à demander les avantages de la primauté,*
au prejudice du ſucceſſeur, de Monſeigneur M. Charles le
Sac, des ſieurs de l'Olive, Riviere, Branlard, de Bourich,
& par conſequent de Chalop, ſur le teſtament duquel il
fonde la principale preuve de ſa primauté imaginaire.

Cotté P.
On eſt toû-
jours receu à ſe
pourvoir con-
tre toutes ſortes
de titres, quand
on peut prou-
ver qu'il y a
erreur de fait.

Si l'inſtalation
à gauche a eſté
fixe pour les
predeceſſeurs
du S. Cocque-
lin, elle n'a pas
empeſché qu'ils
n'ayent eu la
preſeance ſur
leurs Colle-
gues, puiſque
par l'aveu meſ-
me du S. Roſ-
lin, Charles le
Sac, de l'Oliue,
Riviere, Bran-
lard & de Bou-
rich, ont joüy
de cette pre-
ſeance, & qu'il
eſt conſtant
qu'ils ſont pre-
deceſſeurs du S.
Cocquelin.

Cotte P.
Autre preuve
fans replique,
par laquelle il
eft certain, fe-
lon les princi-
pe pofez par le
S. Roflin mef-
me, qu'il n'eft
point fucceffeur
de Chalop.

Et pour prouver invinciblement outre ce qui a efté dit cy-deffus, que Guillaume Chalop ne peut eftre predeceffeur du fieur Roflin, felon les principes qu'il eftablit luy-mef-me, il faut remarquer qu'il prend pour fon predeceffeur Firminus de Molanis, que par la provifion de Raoul de Bonfens, il eft certain que ledit Raoul de Bonfens a fucce-dé audit Firminus de Molanis, & que par la production mefme du fieur Roflin, Raoul de Bonfens a efté contem-porain de Guillaume Chalop & fon Conchevecier, ainfi

Fol. 16. de
l'Arreft de
1651. fous la
Cotte A A.

qu'il paroift par l'acte de l'an 1355. cy-deffus énoncé, & cotté dans la production dudit S. Roflin, fous la lettre B, onziéme piece: Et par confequent ledit fieur Roflin eft fucceffeur dudit Raoul de Bonfens; on fouhaiteroit pour luy qu'il le fuft en toute maniere: & ainfi il faut encore qu'il demeure d'accord par cette preuve qu'il fournit luy-mefme, que le fieur Cocquelin eft fucceffeur de Guillaume Chalop.

Cette réponfe pourroit fuffire à toute la production du fieur Roflin, & pour ce qui regarde les autres provifions par luy produites fous la prefente cotte, le fieur Cocque-lin pretend, en deux mots, que le S. Houïffier a dit ce qui luy a plû, que Meffieurs du Chapitre de Noftre-Dame n'ont mis dans la provifion du S. d'Hillerin le terme de *fe-cunda*, *feu altera*, que pour fervir de defignation; que la pretention du contraire les a fait refoudre à r'établir dans le dernier Synode l'ufage qui avoit efté obfervé durant 330. ans, d'appeller les Cheveciers-Curez de S. Mederic fous le titre commun de *Capicerij S. Mederici*, fans aucune diftinction de *primus & fecundus*, & quant à ce qui regarde les provifions du S. du Hamel, que Monfieur du Hamel a

Ce qui s'eft fait
depuis les Sen-
tences dont eft
appel, ne peut
prejudicier.

entendu, que *fecunda portio*, fignifioit la feconde place de reception, qu'il n'eftoit pas inftruit du different: Et qu'en-fin ce qui s'eft fait depuis, & enfuite des Sentences dont eft appel, ne peut ny ne doit luy prejudicier.

Mais puifque felon la verité, & felon le raifonnement du S. R. *l'on ne peut pretendre d'autre qualité, que celle des pre-miers titulaires, aufquels on a fuccedé*, puifque Denis de Mauregard n'eftoit que SOVSCHEVECIER de S. Me-

deric, & que M. R. est son successeur : On le prie de se con- *Cotte P.*
tenter de cette qualité, & de ne plus trancher du Superieur, & du plus éminent de l'Eglise de S. Mederic, & de
laisser à son Confrere les prééminences & avantages dont
ont joüy autrefois les anciens Cheveciers predecesseurs du
S. Cocquelin, si ce n'est que pressé par la force de la verité,
il veuïlle bien demeurer d'accord d'une égalité entiere.

SOus la Cotte Q, le sieur Roslin pour prouver qu'il *Cotte Q.*
doit avoir la preseance, produit une piece du 1. Mars
1652. qui contient un certificat des Chanoines de Saint
Mederic, par lequel ils certifient ce qui s'est passé à l'enterrement de Guillaume Patiot Chappelain de ladite Eglise, & que le sieur Amiot y avoit tenu la premiere place, &
le pas sur ledit S. du Hamel.

On répond, que la vertu & la moderation du S. du Ha- La moderation
mel a paru en beaucoup d'autres occasions, dont le S. Ros- du S. du Hamel
lin pourroit produire beaucoup d'actes, par lesquels il pa- ne doit point
roist que ledit sieur du Hamel, pour le bien de la paix, a faire prejudice
cedé, non seulement audit S. Amiot, qui estoit son ancien à ses successeurs.
dans la Faculté, & dans la Maison de Sorbonne ; mais mes-
me ce qui est encore quelque chose de bien plus considerable audit S. Roslin, persuadé qu'il estoit, que cette conduite durant une instance, & cette defference aux Arrests
de provision, ne pouvoit luy faire aucun tort, jusques à un
jugement definitif, & qu'au contraire elle persuaderoit les
Iuges qu'il auroit fait au delà de ce que l'on auroit pû desi-
rer pour obtenir la paix, jusques à une derniere decision.

Surquoy l'on peut remarquer, qu'il y a grande differen- Il y a grande
ce entre les protestations qui se font contre les entreprises difference entre
par la partie qui les souffre, pour empescher le desordre qui les simples pro-
pourroit naistre d'une contestation opiniastre, & les actes testations, & les
ou certificats qui se font en faveur de celuy qui entreprend. attestations, in-
ceux-cy, sont ordinairement suspects, & le sont avec beau- formations, ou
certificats.
coup de fondement, puis qu'ils marquent pour l'ordinaire
qu'il y a eu nouveauté ou surprise dans ce qui s'est passé, &
que l'on veut en tirer avantage ; mais dans ces premiers actes
on se plaint seulement, & l'on essaye de ne pas laisser

deperir un droit dont on remet la confervation au Juge qui
doit prononcer fur le fonds de la chofe.

C'eft ce qui eft arrivé dans les differents des deux Curés
de faint Mederic depuis plufieurs années ; l'on ne voit d'un
cofté qu'atteftations mandiées, qu'enqueftes, informa-
tions, que certificats donnés par les parties mefmes, ou
par gens qui font parler leurs peres, & leurs grands peres,
& qui parlent de ce qu'ils n'entendent pas, ou de ce dont
ils ne peuvent avoir aucune connoiffance : & d'un autre
cofté ce font des fimples proteftations faites par perfonnes
ou qui cedent au temps, ou qui fe contentent de mettre les
chofes en eftat de pouvoir eftre quelque jour terminées
dans toute la Juftice & l'équité.

Meffieurs les Arbitres auront des preuves de cette conduite des parties par leur production ; & l'acte que produit le fieur Roflin fous cette Cotte en eft une bien manifefte, puis que le fieur Amiot y fait entendre les Chanoines de faint Mederic, qui pour lors eftoient parties contre
le fieur du Hamel, & qu'il leur fait rendre témoignage de
ce dont ils n'avoient aucune connoiffance ; puis que le
fieur Houiffier ayant reüny les deux portions de Cure dés
l'an 1616. & les fieurs Hillerin, & du Hamel ayant fait
fucceffivement prefque toutes les fonctions de ladite Cure
du temps de Monfieur Barré ; les Chanoines ne pouvoient
rendre un témoignage decifif d'un ufage qui euft efté regu-
lierement obfervé entre les Cheveciers ; joint que jufques
à l'enterrement dudit Patiot, Meffieurs de Noftre-Dame
eftoient rarement venus faire l'Office dans l'Eglife de faint
Mederic, eftant l'unique rencontre où l'on en ait ufé de la
forte, & comme c'eft depuis les Arrefts de provifion, cette
conduite du fieur du Hamel ne peut eftre tirée à confequence.

SOus la Cotte R. le fieur Roflin pretend *que les qua-*
lités de PREMIER *&* SECOND *Chevecier font fon-*
dées fur ce que les deux Cheveciers font les deux DIGNITE's
de faint Mederic; entre lefquelles DIGNITE's il dit qu'il
ne fe garde jamais d'autre ordre que celuy de fondation &
non celuy de reception. Pour le prouver il produit cinq
pieces.

Le fieur Cocquelin eft bien obligé à fon confrere du foin qu'il prend d'élever fon Benefice ; il veut bien convenir avec luy que la Chevecerie de faint Mederic eft dignité , mais il craint que pour en convenir entr'eux ils ne l'eftabliffent pas ; que ceux qui pretendent y avoir intereft n'en demeurent pas d'accord ; & que les Chanoines de faint Mederic qui fe contentent d'avoir Meffieurs du Chapitre de Noftre-Dame pour fuperieurs, ne refufent de fe mettre dans la dependance de quelqu'un de leur Corps ; qui ne portaft trop haut les pretenfions de fuperiorité , & que craignant avec affez de Juftice que le fort ne tombaft dans les mains de leurs parties ; ils ne produifent des titres affés forts pour prouver que la Chevecerie de faint Mederic n'eft rien autre chofe, ou que la Cure unie à la Prebende, dont les deux Cheveciers font pourveus, ou que l'office de percevoir les cires de ladite Eglife fous certaines conditions marquées par le ftatut de 1219. Mais il craint fur tout que Meffieurs du Chapitre de Noftre-Dame ne renverfent la pretenfion de cette nouvelle dignité par celle qu'ils ont que les Chanoines de faint Mederic ne font point de corps diftingué de celuy de l'Eglife de Paris, & que par confequent ils n'ont point d'autres dignités que celles de ladite Eglife, dans laquelle ils font inftalés , & dans la dependance de qui l'Eglife de faint Mederic eft toûjours demeurée.

Que fi neantmoins le fieur Roflin par le credit qu'il a dans ces deux compagnies, peut les faire demeurer d'accord que la Chevecerie de faint Mederic eft une dignité, fon confrere ne s'y oppofe pas ; mais il pretend, & il le pretend fans doute avec affés de Juftice, que fi elle eft dignité, ce n'eft qu'une feule & unique dignité, dont les deux Curés de faint Mederic font également pourveus, & qui par confequent doit les mettre dans une égalité parfaite en toutes les fonctions dépendantes de ladite Chevecerie.

Le fieur Cocquelin eft fondé dans cette pretention, *primò* par l'adveu mefme du fieur Roflin qui demeure d'accord qu'il n'y a point eu d'autre eftabliffement de la qua-

Cotte R.

Le fieur Cocquelin veut bien que fon Benefice foit dignité ; mais il craint que ceux qui ont intereft d'en difconvenir, n'en demeurent pas d'accord.

In manibus meis fortes veftræ.

Monfieur Rôlin fçait qu'ils ont quelque fujet d'empefcher que cela ne foit ainfi.

Fol. 17.

lité de Chevecier, pour les Curés de faint Mederic, que le Statut de 1219. qui donne à un feul Chanoine la Cure & le foin des ames fous le titre *de Canonicus Plebanus*, & que celuy qui eſtoit appellé *Canonicus Plebanus* fe trouve environ vingt ans apres nommé *Capicerius ;* or le fieur Cocquelin pretend qu'il demeurera pour conſtant ; & il croit mefme déja la chofe advancée ; qu'il eſt fucceſſeur auſſi bien que le fieur Roſlin de ce *Canonicus Plebanus* ; qu'il eſt reveſtu de la moitié de fon Benefice, & par conſequent de la moitié de fa dignité, ſi neantmoins il peut prouver qu'il foit effectivement dignité. *Secundò* cette Chevecerie n'a jamais eſté expliquée, ou qu'en adjouſtant le mot de Cure, ou qu'en la prenant pour le Canonicat : donc puis qu'il eſt pourveu de la moitié de la Cure & de la moitié du Canonicat, il eſt auſſi pourveu de la moitié de la Chevecerie, & par une fuite neceſſaire de la moitié de la dignité.

Meſſieurs les Arbitres ſont priez en jettant les yeux fur les anciens titres, & fur les proviſions des parties d'obſerver, & qu'ils ſont tous deux toûjours appellez *Capicerÿ, Concapicerÿ, ambo Capicerÿ, duo Capicerÿ feu Curati,* & que les proviſions de leurs predeceſſeurs ſont indifferemment conceuës en ces termes, tant de l'une portion que de l'autre, *Capiceriatum fancti Mederici,* ou bien *alteram portionem Capiceriatus feu Curæ fancti Mederici :* D'où il leur fera aiſé de conclure que la Chevecerie & la Cure ont toûjours eſté priſes pour une mefme chofe, & qu'ainſi ce n'eſt qu'un feul & unique Benefice, dont les deux Titulaires ſont également pourveus.

La premiere piece du 17. Novembre 1637. eſt une copie des proviſions de l'Office de Maire - Clerc du Chapitre de faint Mederic, conferé par les Cheveciers, Chanoines & Chapitre, pour prouver que les Chanoines de faint Mederic ont Juriſdiction.

Il faut avoir une eſtrange demangeaiſon de groſſir une ptoduction, & eſtre en mefme temps dans une eſtrange pauvreté de bons titres, pour y inſerer des pieces auſſi inutiles qu'eſt celle-cy par rapport aux differens des parties, ou bien il ne faut pas tout à fait connoiſtre en quoy ils conſiſtent ;

ftent; le fieur Cocquelin ne nie pas que le Chapitre de S.
Mederic ait jurifdiction; il fe feroit tort à luy-mefme:
Mais il ne comprend pas cette confequence. Le Chapitre
de S. Mederic a jurifdiction, donc le fieur Roflin eft premiere dignité, & fon Confrere ne l'eft pas; que s'il pretend que la Iurifdiction doit refider en luy feul comme
dans le chef, il luy laiffe cette queftion à vuider avec les
autres Chanoines fes confreres; & il luy répond qu'eftant
Chef du Chapitre auffi bien que luy, comme n'ayant qu'un
feul & mefme Benefice avec luy, que fes predeceffeurs y
ayant precedé les fiens; ainfi qu'il demeure conftant par les
deux productions, & par fon aveu mefme, il doit avoir, comme il a effectivement felon tous fes principes, une feule &
mefme dignité avec luy, fuppofé que ce foit une dignité.

La deuxiéme du 29. May 1573. eft un acte du Chapitre
de Paris, par lequel il paroift que la Chevecerie de S.
Eftienne des Grecs eft dignité.

Ceux qui font accouftumez à raifonner jufte, trouveront fans doute que cette confequence n'eft guere meilleure que la precedente. Le Chevecier de S. Eftienne des
Grecs eft dignité; donc le fieur Roflin eft la premiere dignité de S. Mederic, & fon Confrere ne l'eft pas; ils croi-
roient eftre bien fondez à nier les deux parties de cette
confequence; ils nieroient la premiere, parce qu'il y a plufieurs Benefices qui portent le mefme nom, & qui font
neantmoins tous differens en differentes Eglifes; & qu'il eft
certain que fi la Chevecerie de S. Eftienne des Grecs eft
dignité, il y a beaucoup de Cheveceries en d'autres Eglifes; comme par exemple en celle de Paris, où elle ne l'eft
pas: Ils nieroient la feconde partie de la confequence, &
parce qu'il n'y a qu'un titulaire de Chevecerie à S. Eftienne
des Grecs, & qu'il y en a deux à S. Mederic; & parce que les
raifons qui prouvent que le fieur Rôlin en qualité de Chevecier eft dignité, ou qu'il ne l'eft pas, prouvent auffi que
fon Confrere en la mefme qualité, l'eft auffi ou ne l'eft pas;
& que n'ayant qu'un feul & unique Benefice avecque luy,
fi ce Benefice eft dignité; il s'enfuit qu'ils n'ont enfemble
qu'une mefme dignité.

M

Mais comment ſe peut-il faire que Monſieur Roſlin tombe en de ſi grandes contradictions ? Comment peut-il oublier à la fin de ſon Inventaire ce qu'il avoit avancé dans le commencement? Ne ſe ſouvient-il plus qu'il dit au feüillet dix-huit qu'*il eſt ſuperflu de chercher ſi en d'autres Egliſes le mot de Chevecier peut avoir d'autres ſignifications par rapport aux emplois qui ſont attribuez à celuy qui porte ce tiltre, eſtant,* dit-il luy-meſme , *choſe fort commune en matiere Beneficiale qu'une meſme dénomination s'applique à des titres fort differens en fonctions, comme on voit en la Treſorerie, qui en des Egliſes eſt une premiere dignité relevée des* PREE′MINENCES ÉPISCOPALES, *&c.* Comment apres cela peut-il ſe ſervir de l'exemple de la Chevecerie de S. Eſtienne des Grecs ; mais ne craint-il point que comme la Chevecerie de S. Eſtienne eſt dignité en vertu d'un bon tiltre qu'il rapporte, on ne l'oblige de repreſenter le ſien. S'il en a un, il a grand tort de le ſupprimer, & ſon Confrere le ſomme de le fournir, comme eſtant également intereſſé. S'il n'en a point, cette piece ne luy eſt guere favorable.

La troiſiéme eſt un employ d'une Requeſte du ſieur du Hamel, dans laquelle ledit ſieur du Hamel, parlant de ſon Benefice, l'appelle Dignité.

On peut dire que c'eſt broüiller bien inutilement dù papier , & ne pas ménager des Iuges, que de produire une piece auſſi inutile, & d'en groſſir un Inventaire ; & l'on oppoſe à cette piece le plaidoyé de Monſieur Servin, qui parlant de la portion de Phanuël, dit que c'eſt *une dignité pareille à celle dont le ſieur Hoüiſſier eſtoit desja reveſtu.*

La quatriéme eſt un employ de tous les actes cy-deſſus produits, pour prouver que cét ordre de dignité & de fondation a toûjours eſté gardé entre les deux portions.

La réponſe eſt un employ de tout ce qui a eſté dit , qui prouve manifeſtement que le ſieur Roſlin & ſon conſeil ont tres-mal prouvé ce qu'ils ont voulu prouver par les actes qu'ils ont produits.

La cinquiéme & derniere eſt un employ du plaidoyé de Monſieur l'Advocat general Bignon, inſeré dans l'Arreſt du 19. Ianvier 1651. produit cy-apres.

On répond par l'employ du mefme plaidoyé que l'on examinera cy-apres. *Cotte R.*

S Ous la Cotte S, le fieur Roflin produit fix pieces *Cotte S.* pour prouver que *les Titulaires de fa portion ont eflé en poffeffion de faire toutes les fonctions Curiales & Canoniales extraordinatres dans S. Mederic, & d'en pretendre les émolumens pendant plus de deux cens cinquante années, durant lefquelles leurs Collegues ne faifoient aucune fonction Curiale, & n'en tiroient aucun émolument que du confentement du* PREMIER CHEVECIER ; *que ce n'eft qu'environ l'an 1 5 7 8. qu'on a commencé à partager également le revenu de la Cure, & à divifer l'office Curial ordinaire par femaines, & que cette divifion n'a eflé faite que fous la referve expreffe des droicts & des preéminences qui luy appartiennent.*

Cette induction eft belle ; mais affeurément on la prouvera mal. Le contraire de toutes les propofitions qui la compofent eft défja puiffamment étably ; on veut bien neantmoins encore l'examiner, & remarquer en paffant que cette diftinction d'office Curial en ordinaire & extraordinaire, fera fans doute un des Chefs du Droict nouveau ; car on aura peine à la trouver authorifée, foit par le Droict ancien, foit par le Droict commun, & pour répondre à toutes ces diftinctions d'office, le fieur Cocquelin employe la feconde production du fieur du Hamel, & il declare qu'il laiffe à la prudence de Meffieurs les Arbitres de diftinguer l'office Curial du Canonial, felon qu'ils jugeront que la diftinction en doit eftre faite. C'eft à quoy il n'a point d'intereft, puifqu'il luy appartient en qualité de Chevecier de faire celuy qui fera declaré Canonial, & en qualité de Curé celuy qui fera declaré Curial. *Nouvelle diftinction de l'office Curial en ordinaire & extraordinaire,* *Le fieur Cocquelin laiffe à la prudence de Meffieurs les Arbitres de faire telle diftinction qu'ils voudront entre l'office Canonial & Curial.*

Mais avant que d'entrer plus avant dans la difcuffion des pieces de la prefente Cotte, il ne peut s'empefcher d'avouër qu'il a quelque pudeur de fe trouver dans la neceffité de répondre à ce qui regarde l'égalité des émolumens, il veut croire que le fieur Roflin n'en parle en tant d'endroits que parce que cette égalité eft une preuve affez convainquante de celle à laquelle il s'oppofe dans les droicts honorifiques auffi bien que dans les fonctions, & *Le fieur Roflin parle un peu trop fouvent de l'egalité des emolumens.*

M ij

Cotte S.

on fe contente de luy dire qu'il fait affez connoiftre qu'il n'eft pas perfuadé qu'un de fes predeceffeurs ait abandonné de plein gré la moitié de fa prebende à un Coadjuteur, puis qu'il y a bien de l'apparence qu'il auroit cherché un pareil fecours à meilleur compte.

La premiere piece eft un ftatut du Chapitre de Paris du 23. Decembre 1578. pour fervir de reglement entre lefdits deux Cheveciers.

Piece de confequence produite par Monfieur Rolin. Elle prouve manifeftement toutes les contradictoires de fon Induction. Elle eft de l'an 1578.

La piece eft de confequence. Elle merite fans doute une application particuliere, & elle prouve toutes les contradictoires des propofitions de l'induction pour laquelle elle eft employée.

Meffieurs les Arbitres font tres-humblement fuppliez d'en prendre la lecture comme d'un acte authentique, qui n'eftant point contefté entre les parties, fuffit pour decider tous leurs differens, & ils trouveront que ledit ftatut pofe trois maximes touchant les Cheveciers de S. Mederic, qui feules fuffifent pour regler toutes les conteftations dont il s'agit; & pour faire voir l'injuftice des pretenfions de ceux qui affectent fans fondement une primauté & une fuperiorité au deffus de leurs Collegues.

Elle peut fervir de fondement à la decifion.

La premiere maxime eft, que quand les charges font égales, les avantages le doivent eftre auffi.

La feconde eft, que les deux Cheveciers ne font enfemble, & ne compofent qu'un feul Recteur & Curé.

Elle fuppofe trois maximes qui prouvent manifeftement toutes les pretenfions du fieur Cocquelin, & qui détruifent entierement celles du fieur Rólin.

La troifiéme, que l'ancien Recteur & Curé Chevecier de S. Mederic; c'eft à dire le *Canonicus plebanus*, étably par le ftatut de 1219. a efté anciennement partagé & divifé en deux Cheveciers; & que ce partage a efté fait dés le commencement felon la regle, & canoniquement.

Ces trois maximes fervent de principe & de bafe à tout ce qui eft étably par le mefme ftatut, & font couchées en ces termes: *Cum parium onerum par quoque commodum effe debeat* SINTQUE DUO CAPICERII ECCLESIÆ PAROCHIALIS SANCTI MEDERICI PARISIENSIS TAMQUAM UNICUS RECTOR ET CURATUS AB ANTIQUO CANONICE' DISPERTITUS IN DUOS HUIUSMODI CAPICERIOS

IN ONERIBUS ET DISTRIBUTIONIBUS ORDI-*Cotte S.*
NARIIS ET EXTRAORDINARIIS PER OMNIA
PARES ET ÆQUALES *rationi confentaneum vifum*
eft , &c.

Le fieur Roflin pretend qu'il doit y avoir de la difference entre les avantages de fa portion & ceux de celle
de fon Confrere ; il convient que les charges en font
égales, il a cy-devant produit des titres qui prouvent quelles ont efté égales dés le commencement, & jufques à prefent il ne s'eft point mis en devoir d'augmenter les charges de la fienne , ny de fatisfaire à celles de fon Confrere.
Et pour prouver qu'il doit y avoir de la difference dans
les avantages. Il produit un ftatut qui commence par declarer que quand les charges font égales, les avantages le
doivent eftre auffi ; car le terme *commodum ,* en bonne
Grammaire, & felon la pure latinité ne fignifie pas feulement une retribution pecuniaire ; mais il fignifie proprement toute forte d'avantage & de commodité par raport
aux perfonnes, aux eftats, & aux emplois.

Le fieur Roflin pretend outre cela deux chofes. Premierement il entreprend d'établir la fable & la fiction
d'un Curé de S. Mederic qui auroit pris un Coadjuteur &
un Adjoint auquel il auroit abandonné la moitié de fon
Benefice, l'auroit fait recevoir en ladite qualité, & avec le
nom de Chevecier-Chanoine comme luy par le Chapitre
de S. Mederic, fans l'authorité des Superieurs. Secondement il traite de fiction, d'imagination, & de chimere ce
qui a efté avancé par fon Confrere, que cét établiffement
n'a pû eftre fait que par le partage du mefme Benefice, &
que ce partage aura efté fait canoniquement ; c'eft à dire,
par ceux qui ont l'authorité dans une vacance felon les regles & le droict commun ; qu'ainfi les deux Cheveciers ne
compofent à proprement parler qu'un feul & mefme Curé-
Chevecier, qu'un feul & mefme Pafteur, & qu'ayant fuccedé tous deux à l'unique Titulaire, lequel eftoit feul re-
veftu de la Chevecerie-Cure, ils font également reveftus
de tous les avantages qui appartiennent audit Benefice.
C'eft ce que le fieur Cocquelin a fondé fur de puiffantes

conjectures appuyées du bon ſens, des titres, & de la poſ-
feſſion; c'eſt ce qu'il confirme dans ſa production par des
titres ſans replique; & c'eſt encore une fois ce que le ſieur
Roſlin a traité de chimere, de fiction, d'imagination, de
ſuppoſition; & le ſieur Roſlin produit un titre des Supe-
rieurs meſmes, qui porte en termes formels que les deux
Cheveciers ne font & ne compoſent qu'un ſeul & unique
Recteur & Curé, lequel anciennement a eſté canonique-
ment partagé en deux Cheveciers-Curez: SINTQUE DUO
CAPICERII TAMQUAM UNICUS RECTOR ET
CURATUS AB ANTIQUO CANONICE' DISPER-
TITUS IN DUOS HUIUSMODI CAPICERIOS.

*Les deux Che-
veciers- Curez
de S. Mederic
ne font & ne
compoſent
qu'un ſeul &
unique Re-
cteur, qu'un
ſeul & unique
Chevecier, le-
quel anciennе-
ment a eſté ca-
noniquement
partage en
deux Cheve-
ciers-Curez.*

Le ſieur Rôlin pretend par tout établir des diſtinctions
d'office & Canonial & Curial en ordinaire & extraordinaire; s'attribuer celuy qu'il appelle extraordinaire dans
les ſemaines de ſon Confrere, faire dans les ſiennes & l'ordinaire & l'extraordinaire; & ainſi ne laiſſer à ſon Confrere qu'un office Curial ordinaire; c'eſt à dire, rien en bon
François; & pour authoriſer cette pretention il produit
un ſtatut qui dit, que les Cheveciers de S. Mederic ſont
parfaitement égaux dans les charges & dans les diſtributions ordinaires & extraordinaires; & que quand il y a
égalité dans les charges, elle doit eſtre auſſi dans les avantages: *Cum parium onerum par quoque commodum eſſe debeat
ſintque duo Capicerÿ tanquam unicus Rector & Curatus ab antiquo Canonicè diſpertitus in duos hujuſmodi Capicerios in oneribus & diſtributionibus ordinariis & extraordinariis per omnia
pares & æquales.*

Le ſieur Rôlin pretend & avance hardiment en pluſieurs endroits, & il le dit dans l'Induction qu'il tire de la
piece preſente, que ceux qu'il appelle SECONDS CHE-
VECIERS *n'avoient émolument que du conſentement* DU
PREMIER CHEVECIER; *que ce n'eſt qu'environ l'an
1578. qu'on a commencé à partager également le revenu de la
Cure.* Et il produit pour le prouver un ſtatut, qui dit for-
mellement que l'ancien & l'unique Curé-Chevecier a eſté
anciennement diviſé en deux Cheveciers qui n'en compoſent qu'un, & qui ſont parfaitement égaux dans les char-

ges & dans les distributions ordinaires & extraordinaires,
& ce statut explique cette distribution & cette division
dudit ancien Chevecier, sous la qualité de Curé & de Recteur; les termes sont assez de consequence pour estre encore rapportez : *sintque duo Capicerÿ tamquam unicus Rector*
& Curatus ab antiquo Canonicè dispertitus in duos hujusmodi Ca-
picerios in oneribus & distributionibus ordinariis & extraordina-
riis per omnia pares & æquales.

    Sur ces principes, le statut ordonne, *primò*, que dans ce
partage égal des revenus de la Cure, & des cires qui en composent la principale partie ; l'un des deux ne pourra rien
pretendre plus que l'autre, *absq; eo. quod* ALTER *eorum possit*
aliquid amplius ALTERO *ex dictâ cerâ prætendere.* Si donc
les deux Curez de S. Mederic ne sont qualifiez Cheveciers
qu'à raison du droict de percevoir les cires : *Caperÿ à cerâ*
capiendâ. Selon le sentiment des plus habiles, & conformément au statut de 1219. Monsieur Rôlin aura peine à se dé-
fendre de reconnoistre une entiere égalité confirmée par
le present statut dans la qualité de Chevecier.

    Et pour oster, dit le statut, toute sorte de contesta-
tion & de discorde entre lesdits Cheveciers, ils feront leurs
fonctions alternativement par semaine AINSI QU'ILS ONT
COMMENCE', en sorte que celuy qui ne sera pas en semaine ne pourra rien recevoir ny s'immiscer dans l'administration des Sacremens, ny d'aucune autre chose appar-
tenante audit office de Curé, si ce n'est du consentement
de celuy qui sera en semaine, qui seul fera la recepte de
tous & chacuns les fruicts & émolumens qui arriveront
dans la semaine, tant pour l'administration des Sacremens de Baptesme & de Mariage, que de toute sorte
d'oblations. On a traduit fidellement les termes ; mais
afin qu'il n'y ait pas lieu d'en douter, on les rapporte tirez
du statut que le sieur Rôlin a produit : *Vtque de cæteris nul-*
la inter eosdem Capicerios oriatur contentio vel discordia statu-
tum etiam est ipsos imposterum alternis hebdomadis fungi officio
ad eos spectante UT IAM CÆPERUNT. *Adeò ut qui in*
vice seu hebdomada non extiterit non possit aliquid suscipere
aut sese immiscere in administrationem Sacramentorum , neque

Cotte S.   *alterius cujufcumque rei ad dictum officium pertinentis* NISI
DE CONSENSU *hebdomadary qui folus percipiet omnes , &
fingulos fructus ac emolumenta in fua vice & hebdomada hujuf-
modi obvenientia ex adminiftratione Sacramentorum Baptifmi
& Matrimony omnefque oblationes futuras in prædicta Ecclefia
Parochiali fancti Mederici.*

Le fieur Rôlin pretend tirer un grand avantage de ces
termes : *ut jam cæperunt ;* mais s'il en eft reduit à fonder fes
pretenfions fur les queftions de grammaire, il doit craindre l'evenement, puifqu'il n'y a guere d'apparence qu'il
fuft plus heureux dans celle-cy, que dans celle qu'il a formée fur le pronom *alter*, & qu'il trouveroit plufieurs perfonnes fort intelligentes dans la pure Latinité, qui croi-
roient que ces termes doivent eftre tournez de la forte
(*ainfi qu'ils en ont ufé dés le commencement,*) puifque cette
fignification fe trouveroit fondée fur les termes precedens
du ftatut ; & fur la conjecture puiffante que s'agiffant de
regler, Pierre Guiche, homme entreprenant, avec Ger-
mais le Poultier, homme noté pour crime, contre lequel
ledit Guiche a enfin prevalu, fa brigue n'eftant pas encore
faite, lors du prefent ftatut ; on y pofe premierement les
principes d'une égalité entiere ; on expofe enfuitte l'ufage
qui n'eftoit point contefté, & on coupe chemin à l'ufurpation que ledit Guiche pretendoit faire.

*Autre preuve
d'une entiere &
parfaite égali-
té.* Le ftatut adjoûte que pour cette mefme raifon, c'eft à dire
pour ofter toute forte de debat & de divifion, chacun defdits Cheveciers aura une clef des fonds Baptifmaux, des
coffres, des armoires, & de tous les lieux dans lefquels on
ferre les livres, les étoles, & autres ornemens qui fervent
à l'adminiftration des Sacremens, & autres offices defdits

*Ce Statut de-
clare qu'il y en
avoit déja d'au-
tres qui avoient
ordonné la
mefme chofe.* Cheveciers ; qu'ils auront chacun les Regiftres de ladite
Parroiffe, que chacun fera écrire dans fa femaine SELON
LES STATUTS FAITS SUR CE SUIET.

Peut-on bien apres la lecture de ce ftatut jufques à ces
paroles, former quelque idée de la moindre inegalité entre lefdits deux Cheveciers ? Mais peut-on imaginer que
l'on puiffe le produire pour établir *une fuperiorité, une fubordination, une dépendance, & une inegalité entiere entre lefdits
Cheveciers.*

Cheveciers. Avec la permiſſion de Monſieur Rôlin, & de
ſes Advocats, on prendra la liberté de leur dire que l'on
croit qu'il n'y a guere qu'eux qui ſoient ſuſceptibles de
cette penſée.

· Apres donc une egalité ſi bien marquée & ſi formelle,
que pourroit pretendre l'ancien, ſi ce n'eſt ce que le droict
commun aſſigne entre Chanoines ou Curez? & quel peut
eſtre le ſens veritable de ces paroles ſuivantes: *abſque præ-*
judicio præeminentiæ alterius dictorum Capiceriorum, qui à
dextris exiſtit in ſolitis congregationibus tam dictorum Capice-
riorum, quàm Canonicorum ejuſdem Eccleſiæ Sancti Mederici.
Si ce n'eſt que cette egalité eſt ſans prejudice de la préſeance de celuy des Cheveciers qui eſtoit pour lors à droit,
c'eſt à dire, de Pierre Guiche qui eſtoit l'ancien de reception dans les aſſemblées ordinaires, tant deſdits Cheveciers, que des Chanoines de S. Mederic; car quand bien
meſme on en ſeroit demeuré à ces termes, *qui à dextris exi-*
ſtit, ſuppoſé ce qui eſt reglé par ledit ſtatut, cette clauſe
ne pourroit ſignifier autre choſe. Mais puiſque par un principe univerſellement receu, l'exception en un article jointe à une regle generale la confirme en toutes ſes autres parties; cette préſeance ou preéminence, ou comme il plaira
au ſieur Rôlin de la qualifier, qui ne luy eſt donnée que
dans les aſſemblées Capitulaires, & qui par le ſtatut de 69.
& par toutes les autres preuves, ne luy peut appartenir que
comme ancien de reception, eſt un argument invincible
& un tiltre formel; que dans tout le reſte ſon Confrere luy
eſt égal, & que tout ce qu'il peut pretendre eſt d'eſtre égal
à ſon Confrere.

· Mais qui n'admireroit qu'il y ait des gens qui par une connoiſſance fort ſinguliere de la pure latinité, ont tourné cette reſerve en ces paroles, *ſans prejudice des preéminences du*
premier Chevecier-Curé, tant à l'égard des fonctions Canoniales
que des Curiales. Mais durant que le latin ſera latin, il ſuffira
de rapporter les propres termes, qui ſont: *Abſque præjudicio*
præminentiæ alterius dictorum Capiceriorum qui à dextris exiſtit
in ſolitis congregationibus tam dictorum Capiceriorum quàm Ca-
nonicorum ejuſdem Eccleſiæ ſancti Mederici, pour conclurre

N

que celuy qui eftoit à droit, c'eft à dire l'ancien de reception, n'auroit que la préfeance dans les affemblées Capitulaires.

Le fieur Cocquelin tire donc de ce ftatut non contefté entre les parties, une preuve indubitable d'une entiere égalité, & il s'en fert pour contredit à tout ce que le fieur Rôlin a employé cy-devant, & pour faire paroiftre que fi dans la fuite la brigue de Pierre Guiche & de fes fucceffeurs a obtenu quelque jugement contraire, ç'a efté une pure innovation contre laquelle il protefte de fe pourvoir.

Il eft aifé de conclurre auffi du mefme ftatut combien eft fauffe l'atteftation mandiée de quelques perfonnes atitrées de la Parroiffe de S. Mederic, produite fous la datte de la mefme année, & de fix mois feulement auparavant en faveur dudit Pierre Guiche, & combien au contraire eft veritable le témoignage d'une *égalité entiere en puiffance & authorité* entre lefdits Cheveciers, rendu l'année precedente par les Marguilliers de ladite Eglife, dans l'acte par lequel ils demandent la reünion des deux portions, lequel acte fera produit par le fieur Cocquelin, ainfi qu'il a efté dit cy-devant.

On fera encore avec la permiffion de Monfieur Roflin ou de fes Advocats, une petite reflexion fur la grande reflexion qu'ils ont faite touchant la fimple propofition que le fieur Cocquelin a faite à Meffieurs les Arbitres d'ordonner que LE CONSENTEMENT de celuy qui feroit en femaine fuft neceffaire à l'autre pour l'adminiftration des Sacremens, & on les priera de confiderer qu'elle n'eft pas fi criminelle qu'ils là font, puifque Meffieurs de Noftre-Dame l'avoient ainfi jugé par le prefent ftatut que le fieur Cocquelin employe pour prouver fes conclufions à cét égard, auffi bien que toutes les autres qu'il a prifes, par lefquelles il ne demande que la confervation d'une entiere & parfaite égalité felon l'ordre de droit.

C'eft donc affez inutilement que les Advocats du fieur Rôlin fe plaignent de ce que le fieur Cocquelin a demandé par fa Requefte du 9. Fevrier, que le Curé qui n'eft point en femaine ne puiffe faire aucune fonction, ny adminiftrer

les Sacremens SANS LE CONSENTEMENT du Se-
mainier ; surquoy ils s'épanchent en des plaintes étudiées,
ils brouillent plusieurs roolles de papier, ils s'appliquent à
exagerer des maux imaginaires, & à representer des enfans
en peril sans baptesme, des malades qui meurent sans assi-
stance & sans Sacremens, des Mariages qui se different, &
des affectations qui produisent mille scandales.

Voicy donc surquoy le sieur Cocquelin a creu qu'il devoit faire cette demande, le sieur Roslin ayant porté au
plus loin la pretension d'usurper les droits de son Confrere
commencée par ses predecesseurs, avoit demandé dans les
conclusions de sa Requeste presentée à Messieurs les Arbitres, cy-dessus rapportée, qu'il luy fut permis de faire toutes fonctions Curiales dans les semaines du sieur Cocquelin EN L'ADVERTISSANT SEULEMENT, & que le
sieur Cocquelin ne pûst en faire aucune dans ses semaines
QUE DE SON CONSENTEMENT. Conclusion si extraordinaire qu'il n'a osé la prendre dans l'Inventaire de sa
production.

Le sieur Cocquelin a creu devoir s'opposer à cette usurpation qui seule aneantiroit son Benefice, & le reduiroit à
la condition d'un simple Vicaire, il prit occasion d'un mariage que le sieur Roslin voulut faire à minuit d'un Dimanche, dans lequel le sieur Cocquelin entroit en semaine, en
le faisant seulement advertir; il s'opposa à cette entreprise,
l'obligea de luy declarer par écrit que cette faculté estoit
reciproque; il a produit l'écrit pardevant Messieurs les Arbitres, pour le convaincre de l'injustice de cette pretension, & a laissé à leur prudence, par la Requeste qu'il leur
a presentée, de juger si l'advis reciproque suffiroit, ou s'il
ne seroit point plus à propos que le consentement fust necessaire pour empescher toute sorte d'affectation, & que
l'on n'aille s'offrir ainsi que le sieur Roslin a fait depuis
quelque temps; il croit la chose assez problematique, il se
contente d'observer que Messieurs du Chapitre de Nostre-
Dame avoient ordonné par le present statut non contesté
entre les parties, que le consentement seroit requis, & il

Le sieur Roslin tasche de se mettre en possession. Son Confrere s'y oppose.

Le sieur Cocquelin laisse à la prudence de Messieurs les Arbitres d'ordonner s'il suffira d'avertir, ou si le consentement sera necessaire.

Cotte S.   perfifte d'en laiffer la decifion, auffi bien que de tous les autres differens, à Meffieurs les Arbitres.

Statut de 1581.   La feconde piece de cette Cotte eft un autre ftatut du
dont eft appel.   mefme Chapitre en datte du 14. Avril 1581. qui porte conformément au Teftament de Chalop, ainfi que le dit le fieur Roflin : *Antiquior dictorum Capiceriorum antiquitate fcilicet fundationis* , & juge deux chofes : La premiere, que ledit Chevecier fera l'office Curial, & toutes les fonctions dépendantes de la Cure, ainfi que l'explique Monfieur Roflin, les jours de Pafques & du S. Sacrement ; & la feconde, que chacun defdits Cheveciers eftant requis par les Parroiffiens de leur adminiftrer les Sacremens, le pourra faire, encore qu'il ne foit pas en femaine, en advertiffant le femainier.

Pour faire une jufte reflexion fur ledit ftatut, il faut en obferver premierement la datte. Secondement les parties. Troifiémement ce qu'il prononce. Quatriémement le principe qu'il fuppofe pour le prononcer.

Il eft neceffaire auffi d'obferver que ce n'eftoit pas fans raifon que le fieur Cocquelin avoit bien jugé dans le contredit qu'il a fait à l'Induction que le fieur Roflin a pretendu tirer du Teftament de Chalop, que l'on avoit adjoufté cette glofe en parlant dudit Teftament, *Antiquitate fcilicet*
Etrange fuppo-   *fundationis,* dans le deffein de la faire paffer dans le texte, &
fition.   de perfuader Meffieurs les Arbitres que ces termes d'antiquité de fondation font dans ledit Teftament : La chofe paroiffoit neantmoins fi extraordinaire que l'on n'avoit ôzé l'appuyer ; mais puis qu'il ne laiffe plus de lieu d'en
Fol. 44.   douter, & qu'il dit que ces mots qui fe trouvent dans le pre-
Fol. 28. 30. &   fent ftatut font les propres termes du Teftament de Cha-
68.   lop, qu'il le repete en plufieurs autres endroits, & qu'il eft conftant qu'ils n'y font pas. Que peut-on dire d'une fuppofition fi manifefte ?

Il faut eftre   En verité il y a des gens étrangement hardis, & il faut
hardy au delà   l'eftre au delà du commun pour ozer avancer des chofes fi
du commun   contraires à des veritez dont ils fourniffent eux-mefmes la
pour avancer   preuve. Encore s'ils pouvoient prendre tout le genre hu-
des chofes de
cette force.

main pour duppe, & priver en mefme temps les hommes *Cotte S.*
des yeux, du bon fens, & de la raifon. On pourroit le leur
pardonner ; mais puis qu'ils ne peuvent ny l'un, ny l'autre,
à quoy bon prendre des expediens auffi injuftes qu'ils font
inutils.

Le fieur Roflin peut-il bien imaginer que Meffieurs les
Arbitres l'en croiront fur fa parole; il faudroit avoir acquis
une furieufe reputation de fincerité, encore ne pourroit-
elle pas empefcher des perfonnes auffi équitables que font
ces Meffieurs, de vouloir examiner une fuppofition de cette
nature. Le Teftament du fieur Chalop, & le prefent ftatut
ne contiennent pas plus de trente ou quarante lignes, & ils
ne font pas difficiles à trouver, puifque les deux parties les
ont mis dans leurs productions. Lors donc que Meffieurs
les Arbitres en auront pris la lecture, & qu'ils auront trouvé que ces termes, *Antiquitate fcilicet fundationis*, ne font Ce qu'il faut
point dans ledit Teftament ; que pourront-ils conclurre neceffairement
fi ce n'eft deux chofes qui renverfent & l'induction que le conclurre de
fieur Roflin en tire, & toutes fes pretentions. La premiere, cette fuppofi-
que le fieur Roflin a bien reconnu que fans cette glofe, le tion.
Teftament de Chalop, quand bien mefme Chalop feroit
fon predeceffeur, ne luy peut de rien fervir. La feconde, que
fans cette fuppofition de conformité du ftatut dont il s'a-
git icy avec les precedens, il eft impoffible qu'il ne foit declaré abufif, & que l'on puiffe y avoir aucun égard. Or eft-
il, & que Chalop, par les preuves tirées de la production du
fieur Roflin mefme, n'eft point fon predeceffeur, & que
dans fon Teftament il n'y a pas un feul mot d'antiquité de
fondation. Il eft encore vray que le prefent ftatut qui par
une nouveauté fans fondement a le premier fuppofé cette
antiquité pretenduë, eft entierement contraire à tout ce
qui l'a precedé, & manifeftement oppofé au ftatut de 1569.
& à celuy de 1577. fait trois ans feulement auparavant,
dont on vient de faire la difcuffion.

D'où peut donc eftre venuë cette nouvelle revelation à
ceux qui ont dreffé ledit ftatut, & fur quel titre peuvent-ils
s'eftre fondez pour dire le contraire de ce qui avoit toûjours efté dit depuis la divifion de la Chevecerie jufques

alors ; c'est à dire, durant prés de trois cens années.

Ils se fondent, disent-ils, sur deux statuts qu'ils cottent l'un du 24. Novembre 1568. & l'autre du 23. Decembre 1578. Or est-il qu'il ne se trouve aucun statut dans les Registres du Chapitre de Paris de la premiere datte, & que celuy de la seconde y est entierement contraire ; aussi disent-ils ingenuëment qu'ils les ont interpretez, *ea interpretando* ; c'est à dire en bon François, qu'ils en ont dit le contraire. Et cette interpretation contraire à tout ce que l'on avoit dit jusques alors consiste principalement en ces trois termes : *Antiquitate scilicet fundationis.*

Sur ce principe donc prouvé manifestement faux par tous les tiltres mesmes du sieur Roslin, ce qu'ils ont adjugé à son predecesseur ne luy estoit point deub, & ne peut passer en definitive.

Il s'agissoit de regler les differens des deux Cheveciers ; c'est à dire de Pierre Guiche avec Gervais le Poultier ; d'un homme constitué en dignité avec un homme sentencié & flétry pour crime ; & Pierre Guiche voulant profiter de cette occasion, non content du statut de 78. voyant bien que l'antiquité de reception ne pouvoit en bonne justice luy dõner que le pas & la préséance dans les assemblées Capitulaires, ainsi qu'il estoit expressément porté par le statut de 78. il s'advisa de supposer une antiquité de fondation sur laquelle on pûst luy accorder quelque passe-droit, & quelques avantages sur son Confrere ; quelques Commissaires briguez par Pierre Guiche, bien-aises de luy donner quelque chose qui le distinguast dudit le Poultier, sans examiner l'affaire, receurent sa supposition, & en la recevant, ordonnerent qu'il feroit l'office les jours de Pasques & du S. Sacrement, *quoy que peut-estre il ne fust pas en semaine.* Ce sont les propres termes de ce statut.

Encore que ce passe-droit fondé sur une supposition d'une antiquité de fondation chimerique, ne puisse subsister, & qu'il doive de necessité tomber avec elle ; il ne sera pas neantmoins inutile de l'examiner ; & apres avoir supposé par une supposition solide & veritable, que de quelque façon qu'il s'entende, il est contraire au Droit com-

Encore que ce statut soit nul, il est neantmoins necessaire d'examiner quel office fut adjugé par ce statut à Pierre

mun, ſoit entre deux Curez, ſoit entre deux Chanoines
égaux, ſoit entre deux hommes pourveus par indivis d'u-
ne meſme dignité; d'autant neantmoins que le ſieur Amiot
Oncle & predeceſſeur du ſieur Roſlin, & le ſieur Roſlin
luy-meſme, ont pretendu que cette attribution de l'office
de deux jours ſe doit entendre de l'office Curial, & non
pas de l'office Canonial extraordinaire; afin de pouvoir
pretendre enſuitte tout ledit office Canonial extraordinaire en toutes les Feſtes annuelles & ſolemnelles, & autres
jours. Il eſt neceſſaire de remarquer les termes du ſtatut:
Capiceriis Eccleſiæ ſancti Mederici Pariſienſis inter ſe conten-
dentibus de preeminentiis & Iuribus ſuorum Capiceriatum au-
ditis ac viſis eorum titulis cum ſtatutis illis diebus 24. Novem-
bris 1568. & 23. Decembris 1578. præſcriptis ea interpretando or-
dinatum eſt quod antiquior dictorum Capiceriorum ANTIQUI-
TATE SCILICET FUNDATIONIS, *ſingulis annis die-*
bus Paſchæ & Euchariſtiæ tantùm faciet divinum officium ipſis
Capiceriis in prædicta Eccleſia incumbens QUOD INCIPI-
TUR A VIGILIA ET IPSO DIE SERO FINITUR,
non obſtante quod dictus antiquior tunc forſitan non exiſtat in
ſua hebdomada.

Le ſieur Roſlin pretend luy-meſme dans ſa production
que l'office Curial ne conſiſte que dans la Meſſe de Parroiſſe. Il s'efforce de le prouver en pluſieurs endroits de ſon
Inventaire, & il eſt prouvé dans la production de Monſieur du Hamel que cette Meſſe ſe diſoit pour lors à baſſe
voix à ſept heures du matin à l'Autel de Parroiſſe, d'où
elle n'a eſté transferée pour eſtre ditte au Chœur qu'en
1610. ce qu'eſtant ainſi, peut-il tomber dans l'eſprit d'aucun homme de bon ſens que les deux Cheveciers ayent
conteſté l'un contre l'autre en ce temps à qui quitteroit
l'office Canonial pour une Meſſe de Parroiſſe qui ſe diſoit
pour lors à ſept heures du matin à la Chapelle de Parroiſſe, & à baſſe voix, lors que l'office Canonial conſiſtoit en
premieres Veſpres, Matines, & le reſte de l'office du lendemain, & que la Meſſe Canoniale ſe diſoit à 10. heures au
Maiſtre Autel de l'Egliſe à haute voix dans toute la cele-
brité qui eſt demeurée encore juſques à preſent? Peut-on

Cotte S. Guiche dans les deux jours qui luy ſont accordez; & cette diſcuſſion eſt importante pour l'intelligence des Arreſts de proviſion.

Ces termes ne peuvent s'entendre de l'office Curial, ſelon que Monſieur Roſlin le ſuppoſe.

Cotte S. bien croire que Pierre Guiche n'ait ambitionné que de dire cette Meſſe baſſe deux jours en l'année, au préjudice de Gervais le Poultier? Peut-on bien imaginer que l'on adjugeaſt à Pierre Guiche cette Meſſe baſſe de Parroiſſe pour préeminence, & que l'on donnaſt à Gervais le Poultier l'office Canonial le jour du S. Sacrement, dont Monſieur Roſlin pretend que la Proceſſion fait partie? Que ſi cela ne peut tomber dans le ſens, il s'enſuit manifeſtement que cette Sentence premiere adjuge l'office Canonial de deux jours ſolemnels à l'un des Cheveciers au préjudice de l'autre.

Mais pour faire voir que dans toutes ces conteſtations les preuves tirées du bon ſens ſont d'accord avec la verité du fait fondée ſur les actes meſmes, il ſuffit de remarquer icy que ce ſtatut parle expreſſément de l'office qui appartient aux Cheveciers en ladite Egliſe, & qui commençant

Cét office qui eſt adjugé commence la veille des Feſtes, & finit le jour au ſoir. Et l'office Curial dans S. Mederic, ne conſiſte meſme ſelon Monſieur Roſlin qu'en la Meſſe de huit heures.

la veille, finit le ſoir deſdites Feſtes, *faciet* DIVINUM OFFICIUM IPSIS CAPICERIIS IN PRÆDICTA ECCLESIA INCUMBENS QUOD INCIPITUR A VIGILIA ET IPSO DIE SERO FINITUR. Or eſt-il que ſelon Monſieur Roſlin le Service Curial dans S. Mederic ne commence point la veille, & ne finit point le jour des Feſtes au ſoir, puiſqu'il n'y a jamais eu, & qu'il n'y a point encore de Veſpres de Parroiſſe, & qu'elles ſe diſent dans le Chœur par les Chanoines qui ſont en ſemaine; & les Feſtes ſolemnelles par les Cheveciers avec les Chanoines. Il s'agiſſoit donc du Service Canonial extraordinaire adjugé auſdits Cheveciers, *ipſis Capiceriis incumbens,* par le ſtatut de 1569.

Les ſieurs Amiot & Roſlin convaincus d'avoir obtenu l'office Canonial extraordinaire par proviſion ſous un faux principe.

Il eſt donc indubitable, & par les principes meſmes du ſieur Roſlin, & par la verité de la choſe, que ledit ſtatut ne parle que de l'office Canonial; qu'il n'a mis aucune difference dans le Curial, & que par conſequent c'eſt contre toute ſorte de Iuſtice que leſdits ſieurs Amiot & Roſlin ont pretendu qu'il devoit s'entendre du Curial, & que ſur ce faux principe ils ſe ſont de plus fait adjuger l'office *Canonial extraordinaire tous les jours ſolemnels & autres jours.* Il n'eſt pas moins

moins indubitable que ce Statut ayant adjugé ledit avantage ſur un principe doublement ruineux ; Premierement,
parce qu'il ſuppoſe qu'il y a un ancien de fondation, ce qui
n'eſt pas ; Secondement, parce que s'il y en avoit un, c'e-
ſtoit Gervais le Poultier, & non pas Pierre Guiche, comme il demeure conſtant par la ſucceſſion des Cheveciers
cy-deſſus prouvée ; Ce qui eſt adjugé par ce Statut ne peut
paſſer en definitive.

Ce principe eſtant faux, ce qui eſt adjugé ne peut paſſer en définitive.

Pour faire voir de plus, que meſme en ce poinct, auſſi
bien qu'en beaucoup d'autres, la conduite du S. Roſlin eſt
fort differente des maximes qu'il eſt obligé d'avancer pour
ſoûtenir ſes pretentions contre ſes propres lumieres : quelque ſolemnelle que ſoit preſentement la Meſſe de Parroiſſe, dans laquelle ſeulement conſiſte, ſelon qu'il le pretend,
l'Office Parroiſſial. Il aime mieux la faire dire par ſon Vicaire dans les jours les plus ſolemnels de l'année, ainſi qu'il
a eſtimé à propos de faire le jour de la Pentecoſte dernier,
& manquer à s'acquiter du devoir de Paſteur dans la celebration de la Meſſe Parroiſſiale, auſſi bien qu'à la parole
qu'il avoit donnée en plaine Chaire quinze jours auparavant de ſe donner *la conſolation* d'entretenir ſes Parroiſſiens
dans ce jour ſolemnel, que de laiſſer l'Office Canonial à
ſon Confrere. Il a ſoûtenu & ſoûtient encore un procez
pour pouvoir quitter l'Office Curial quand il luy plaiſt, &
aprés cela il veut perſuader que ſes predeceſſeurs ont eû
conteſtation à qui quitteroit ce meſme Office Canonial,
pour dire le jour de Paſques, & du S. Sacrement une Meſſe
baſſe de Parroiſſe : En verité il faut qu'il ait bien peu d'e-
ſtime ou du jugement de ſes predeceſſeurs ou du ſien : Mais
Meſſieurs les Arbitres voyent aſſez celuy qu'ils doivent
faire des pretentions de ceux là, & de la conduite de celuy-
cy. Ils voyent bien que ſes predeceſſeurs ont commancé
en l'an 1581. c'eſt à dire, aprés avoir veſcu durant 300. années, dans une entiere égalité à vouloir ſe diſtinguer ſur le
faux principe d'une primauté de fondation imaginaire, ſur
lequel ils ſe firent adjuger en deux jours l'Office Canonial
au prejudice de leurs Confreres ; & que leur dernier ſucceſſeur veut s'attribuer tout l'Office, & Canonial & Cu-

Le S. Roſlin condamne par ſa conduite le jugement qu'il veut que ſes predeceſſeurs ayent fait de l'Office Curial, ou bien il ſe condamne luy-meſme.

Cotte S.
L'expedient
que le S. Coc-
quelin propoſe
previent toute
ſorte de conte-
ſtation, & de
brouïllerie.

rial, pour détruire le Benefice de ſon Confrere.

Que ſi le S. Cocquelin a conclu que l'office Canonial extraordinaire ſera fait par le Chevecier, qui ne ſera point en ſemaine pour la Cure, c'eſt qu'il eſtime cette alternative plus propre pour prevenir & empeſcher les conteſtations qui pourroient naiſtre, ſi le Curé qui ſera en ſemaine a le choix de l'un des deux Offices, à cauſe de l'obligation qui reſtera d'avertir de bonne heure celuy qui ne ſera pas en ſemaine de l'Office qui luy ſera laiſſé, afin que ſi c'eſt celuy de la Cure qu'il ſe puiſſe preparer à la Predication, lequel avertiſſement ne ſera plus neceſſaire : *Secundò*, Cette alternative fera que l'Office ſera mieux accomply, le Chœur & la Parroiſſe ayant chacun ſon Chevecier & Paſteur : *Tertiò*, Cette concluſion n'eſt qu'une ſuitte du droit qu'ont également les deux Curéz-Cheveciers aux deux Offices ; en quoy il n'a autre intereſt que celuy de la bien-ſeance, & de l'ordre que l'on doit apporter dans la celebration de l'Office, laiſſant à la prudence de Meſſieurs les Arbitres d'en ordonner pour le mieux, ainſi qu'ils adviſeront eſtre le plus convenable.

Il les ſupplie ſeulement d'avoir la bonté de conſiderer que cét expedient ne laiſſe plus de lieu à aucune conteſtation conſiderable entre les deux Curez : Ils ſeront dans une heureuſe neceſſité de n'avoir plus de differens pour raiſon de leurs fonctions, & il ſemble qu'il n'y a guere que ce moyen d'établir une bonne paix, qui puiſſe reparer dans une égalité parfaite les deſordres que le deſir de primer a introduit dans cette grande Parroiſſe.

Les deux Curez
feroient toû-
jours en fon-
ction dans les
grandes Feſtes.

Les Parroiſſiens de S. Mederic auront par ce moyen la ſatisfaction de voir tous les jours l'un ou l'autre de leurs Curez en fonction, & dans les grands jours l'un & l'autre ; l'un en qualité de Curé celebrer la Meſſe de Parroiſſe ; & l'autre en qualité de Chevecier, l'Office Canonial extraordinaire. Ils ne verront plus un jour de Pentecoſte un Vicaire celebrer la grand' Meſſe à la haſte, un Curé manquer à un engagement ſolemnel ; de faire la Predication, qui doit ſuivre le Proſne, durant que ſon Confrere, qui auroit pú faire l'une des deux fonctions, eſt obligé de dire une

L'on ne verroit
plus ce que tout
le monde n'a
pû s'en peſcher
d'improuver.

Meffe baffe dans une Chapelle, & que les Parroiffiens fe *Cotte S.*
pleignent, & fe pleignent avec raifon, qu'ayant deux
Curez, ils ne voyent dans un jour fi folemnel, ny l'un ny
l'autre à l'Autel celebrer la Meffe de Parroiffe, pour fatisfaire à leur devotion, ny l'un ny l'autre dans la Chaire,
pour s'employer à leur inftruction, & cela feulement, parce que l'un des deux veut faire ce qu'il ne peut, c'est à dire
les fonctions de l'un & de l'autre.

Ainfi le S. Cocquelin a eû raifon de conclure qu'il doit
eftre dit à l'égard dudit Statut, mal, nullement & abufi-
vement, &c. & outre ce qu'il vient de dire, il oppofe audit
ftatut, pour contredit les ftatuts de 1569. & de 1578. &
toutes les preuves, tant de fa production, que de la prefente
difcuffion.

La troifiéme du 23. Decembre 1597. eft une pretenduë *Sentence du 23.*
Sentence renduë entre Nicolas Guiche fucceffeur & ne- *Decembre*
veu dudit Pierre, & Iean Phanuel fucceffeur de Moraines. *1597. dont eft*
appel.

C'eft icy, felon que l'appelle un des Advocats de M. *Cette piece eft*
Roflin, l'Achille de fa production ; c'eft la piece capitalle *l'achille de la*
de fon fac ; c'eft fur elle qu'il fonde toutes fes efperances, *production du*
& qu'il appuye fes deffeins ; mais fi c'eft fon Achille, il n'eft *S. Roflin, mais*
pas vulnerable en une feule partie ; tout ce que l'on en voit *un achille qui*
eft aifé à détruire, tout le corps qu'elle prefente eft expofé *peut eftre bleffé*
à autant de playes que l'on veut bien luy en faire: fi c'eft *dans toutes les*
la meilleure piece de fon fac, le refte n'eft pas de grande *parties qui le*
valleur, & fi fes efperances n'ont point d'autre appuy, il *compofent.*
doit reconnoiftre qu'elles font bien mal-fondées : On pu-
blie neantmoins que la chofe eft reglée, & qu'elle eft re- *Meffieurs du*
glée par un jugement authentique, & folemnel donné par *Parlement*
Meffieurs du Chapitre de Paris Superieurs de S. Mederic, *l'ont déja dé-*
avec connoiffance de caufe, & dans toute la juftice, & on *truite dans la*
pretend qu'il ne s'agit que de confirmer ladite pretenduë *principale par*
Sentence, fans qu'il foit neceffaire de la difcuter. *un Arreft defi-*
nitif.

Meffieurs les Arbitres ont trop de lumiere & d'équité,
pour ne pas examiner foigneufement la chofe, & avant que
de confirmer un pretendu jugement, qui détruit & qui
aneantit un Benefice confiderable, qui change entierement fon eftat, & qui reduit un Pafteur, à la qualité de

O ij

Cotte S. Vicaire & de Coadjuteur; ils voudront examiner avec toute l'application necessaire, si ce jugement est tel que l'on le dit, & entrer dans la connoissance des causes & moyens d'abus, sur lesquels est appuyé l'appel que l'on a interjetté, & sur lequel il s'agit de prononcer.

C'est la tres-humble priere que le S. Cocquelin leur fait avec instance, aussi bien qu'à tous ceux qui liront cét écrit, estant bien persuadé qu'ils trouveront une grande difference entre les paroles que l'on avance, & la verité des choses que l'on doit prouver sur ce sujet.

Il faut donc examiner quelles estoient les parties, quels estoient les Iuges, quel a esté le jugement : Les parties estoient Nicolas Guiche, successeur & neveu de Pierre Guiche ; mais encore plus hardy & plus entreprenant que luy, qui marchoit sur les pas de son oncle ; mais dans le dessein d'aller encore plus loin ; & de l'autre costé paroist Iean Phanuel, homme poursuivy criminellement, & le-

Les Chanoines plaidoient contre les Cheveciers, & les deux Cheveciers entr'eux. quel s'estoit fait pourvoir de ladite Cure par l'Evesque de Paris contre le gré & au prejudice des droits du Chapitre, aprés avoir esté Vicaire, & mesme simple Clerc de ladite Eglise : Il paroist que l'Eglise de S. Mederic estoit pour lors dans tout le trouble, & dans toute la division où elle peut estre : D'un costé les Chanoines se pretendoient Curez primitifs, & vouloient reduire les Cheveciers à la simple qualité de Vicaires perpetuels : De l'autre les Cheveciers deffendoient leur préeminence sur les Chanoines, marquée par tous les actes de ladite Eglise, depuis l'erection des Cheveciers, & lesdits deux Cheveciers Guiche & le Poultier estoient aux prises ensemble, pour raison de leurs droits.

Il est vray que la contestation avoit commencé entre ledit Pierre Guiche, & Claude de Morainnes homme de Merite, lequel voyant que la cabale des Guiches estoit trop forte dans le Chapitre de Paris, & que les Commissaires estoient ses parties ; il ne tint compte de deffendre ses droits, se laissa forclorre, & dans la pensée de quelque chose plus considerable ; il fit voir qu'il faisoit peu d'état de la Cure de S. Mederic ; il la permuta avec le nommé

Guiceftre pour la Prevofté de l'Eglife de Séez, dont il fut *Cotte S.* en fuite Evefque ; & ledit Guiceftre la refigna audit Pha-nuel Vicaire, & quelque temps auparavant Clerc dudit de Morainnes qui s'eftoit fignalé pour fes interefts jufques à ufer de voye de fait, pour raifon de quoy il eftoit pourfui-vy criminellement.

Meffieurs de Noftre-Dame avoient nommé deux Com-miffaires, Pierre Ruellé Chantre, & Louys Dreux Archi-diacre de Paris, qui entrerent en difcuffion de la chofe du temps de Morainnes, & travaillerent pour inftruire le procés ; or il eft conftant par la Sentence mefme. *Primò,* que le fieur de Morainnes ne voulut point produire de-vant eux, & qu'il fe laiffa forclore ; il refufa mefme de mettre Procureur ; voicy les termes de la Sentence, *De-claration dudit Gilbert contenuë par l'exploit de Mathieu Travi-gny Apariteur és Cours Ecclefiaftiques du 15. Decembre audit* Le Statut a efté donné par Forclufion à l'égard de de Morainnes. *an 95. qu'il n'eftoit Procureur dudit de Morainnes, & qu'il avoit occupé feulement à une affignation à la priere de Phanuel fon Vicaire, & que partant pour donner les affignations on s'a-dreffa audit de Morainnes, fi bon fembloit* ; il eft vray qu'il eft dit qu'il mit Procureur le 23. May fuivant ; mais il eft adjoufté que ce fut pour declarer feulement *qu'il fe rappor-toit aufdits Commiffaires, & eftoit preft de fubir le reglement qui leur plairoit donner pour raifon des differens qui eftoient entre les Chanoines & les Cheveciers* ; mais il ne dit rien de ceux qui eftoient entre luy & fon confrere, & de fait la Sentence porte qu'il fe laiffa forclore à cét égard ; en voi-cy les termes, *Forclufions de bailler contredits par ledit de Morainnes, &c. Autre Acte du 26. dudit mois de Mars par le-quel ledit de Morainnes auroit efté forclos purement & fimple-ment de bailler contredits, & ordonner que le procés feroit jugé fur ce qui feroit à Cour, & à cette fin les parties appointées à oüir droit au premier jour.*

Il eft certain en fecond lieu que de Morainnes avoit refi- Guiceftre fuc-cede à de Mo-rainnes ; l'af-faire fe conti-nuë de fon temps, & il n'eft point ap-pellé. gné à Guiceftre un an auparavant la Sentence, & que Guiceftre avoit efté admis dans le Chapitre de Noftre-Dame le 19. Aouft 1596. ainfi qu'il eft prouvé par fa pro-vifion, & neantmoins ledit Guiceftre ne fut point appel-

Cotte S. lé pour deffendre, quoy qu'il paroiffe par ladite Sentence que l'on continua les procedures durant ledit temps; ce qui feul fait une nullité effentielle dans ledit pretendu jugement.

Phanuel fuccede à Guiceftre, & fept jours feulement apres qu'il a fait l'acte de reprife, on luy fignifie la Sentence.

Il paroift, *Tertiò*, par ladite Sentence que Phanuel fucceffeur de Guiceftre, fut fubrogé aux droits de de Morainnes, fans parler de Guiceftre, & que fept jours feulement apres ladite fubrogation, la Sentence fut fignifiée aux parties.

On s'en rapporte au fieur Roflin & à fon Advocat; on en croira mefme MAISTRE RODOLPHE LE MAIRE fon Procureur, pour fçavoir fi fept jours fuffifent pour inftruire une affaire de cette nature; il eft certain que le difpofitif n'a pû eftre dreffé dans ce temps-là; auffi paroift-il manifeftement par la lecture de la Sentence que l'affaire avoit efté inftruite à la verité entre les Chanoines & les Cheveciers, par ledit Guiche feul d'une-part, & les Chanoines de l'autre, pour raifon de leurs differens; mais qu'elle ne fut inftruite que par ledit Guiche feul, comme il luy plût à l'égard des differens qu'il avoit avec fon confrere, fans eftre contredit par la partie intereffée; fçavoir eft par de Morainnes, par Guiceftre, ou par Phanuel : de forte que quand bien ce jugement pafferoit pour contradictoire entre les Cheveciers, & les Chanoines; il ne peut paffer que pour un jugement donné par forclufion entre lefdits Cheveciers, & neantmoins ce qui eft tres-remar-

Cette Sentence a efté caffée par Arreft du Parlement definitif, touchant ce qui avoit efté inftruit contradictoirement.

quable, ladite Sentence a déja efté caffée par un Arreft de Parlement contradictoire & diffinitif, fur l'article qu'elle avoit pretendu decider entre les Cheveciers & les Chanoines qu'elle declare Curés primitifs: Comment donc peut-on raifonnablement pretendre qu'elle puiffe fubfifter à l'égard des Cheveciers entr'eux? puis que à cét égard elle eft donnée par forclufion, & fans que l'affaire euft efté inftruite au fonds.

Auffi paroift-il manifeftement par le prononcé de ladite pretenduë Sentence, que l'on donne audit Guiche tout ce qu'il avoit trouvé bon de demander.

Des neuf Chanoines qui ont

Si l'on confidere les Juges; les caufes d'abus font manifestes contre ladite pretenduë Sentence ; Premierement si l'on pretend qu'elle soit renduë par des Commissaires, elle est renduë par neuf, dont il n'y en a que deux qui ayent pouvoir; Or c'est une maxime indubitable de droit qu'il n'y a point de plus grand defaut que celuy de pouvoir & d'authorité en matiere de jugement ; qu'il ne se peut jamais supléer ; & que pour rendre un jugement nul, il suffit qu'entre ceux qui le portent il y en ait quelqu'un qui manque de pouvoir legitime : *Secundò*, si c'est une Sentence renduë par le Chapitre, on répond que le Chapitre n'a pas le pouvoir d'exercer sa jurisdiction par luy-mesme, & qu'à l'égard de la contentieuse, il est obligé d'avoir un Official, & quand bien il pourroit juger par luy-mesme, ce qui n'est pas, il est évident par la Sentence que le Chapitre n'a point vû le procés, & que l'on s'est contenté de lire la pretenduë Sentence dans une assemblée de Chapitre ; comme elle avoit esté arrestée par les Commissaires, dont le sieur Ruellé estoit le premier, & ainsi le Chapitre auroit jugé un procés qu'il n'auroit ny vû ny examiné.

Tertiò, Une cause indubitable d'abus en la forme est que cette Sentence est renduë par des delegués du Chapitre; or cette sorte de delegation est abusive ; il n'y a que le Pape qui puisse donner des Commissaires ou des delegués pour les matieres contentieuses ; les Evesques ny les Chapitres ne le peuvent ; mais sont obligés d'establir des Officiaux pour juger les procés & les differents qui sont de leur jurisdiction ; & c'est avec grande Justice que l'usage contraire n'est point toleré en France, parce que ce seroit une ouverture à donner pour Commissaires ceux que desireroient les parties qui auroient plus de credit ; ce qui seroit un abus insoutenable, & dont on voit un exemple manifeste dans l'affaire en question, les Guiches s'estans servis du credit qu'ils avoient dans le Chapitre pour obtenir des Commissaires à leur devotion, entr'autres Pierre Ruellé Collateur de leur portion ; & ainsi il leur fut aisé de se faire adjuger tout ce qu'ils souhaiterent par Forclusion; comme il est prouvé par la Cotte de la production du sieur du Hamel.

Cotte S. signé, il n'y en avoit que deux qui eussent pouvoir.

La jurisdiction contentieuse des Chapitres doit estre exercée par un Official.

Pourquoy la jurisdiction contentieuse ne peut estre exercée que par des Officiaux.

Cotte S.
Claufe fort extraordinaire dans un jugement de pouvoir adjouster ou diminuer, & changer felon que le temps l'exigera.

Quartò, Cette pretenduë Sentence finit par une claufe affez extraordinaire dans un jugement ; fçavoir eft par une referve expreffe de pouvoir *adjouster ou diminuer & changer felon que le temps l'exigera*; car il y a cette difference, entre les reglements & les jugements, qu'un reglement peut-eftre changé felon que ceux qui ont l'authorité jugent qu'il eft à propos ; mais les Jugements & Sentences eftant fondées fur le droit des parties & fur la Juftice, cette Juftice eftant toûjours une auffi bien que la verité qui en eft la bafe & le fondement ; ils ne peuvent eftre fujets à aucun changement s'ils ne font provifionnels.

Affectation de faire figner par fept Chanoines qui n'eftoient point Commiffaires.

Enfin l'affectation avec laquelle les deux Commiffaires nommés en cette partie, firent figner & authorifer cette pretenduë Sentence par fept autres Chanoines de Noftre-Dame, Confeillers de la Cour ; qui n'eftoient point Commiffaires, marque affez la paffion avec laquelle ils s'eftudioient de favorifer, & les Chanoines contre les Cheveciers, & ledit Guiche contre Phanuel ; or c'eft une maxime de droit, que quand un jugement eft donné par ceux qui ne font ny Juges naturels, ny deleguez, ny convenus entre les parties ; il doit eftre reputé nul & de nul effet, & fi Monfieur Roflin & fon confeil avoient mefme examiné leur production avec le foin neceffaire, & dans un efprit d'équité, ils auroient obfervé dans les actes qu'ils produifent, qu'anciennement quand Meffieurs du Chapitre de Paris regloient les differents des Cheveciers & Beneficiers de faint Mederic, ils avoient toûjours foin de mettre que ce qu'ils regloient eftoit à la requefte & du confentement des parties ; ils en trouveront des exemples dans les actes de l'an 1276. & 1355. cottés dans leur production fous la lettre B. & ils trouveront mefme que les Commiffaires prenoient le ferment des parties pour les obliger à l'execution de ce qu'ils alloient ordonner de leur confentement.

Elle juge contre le droit commun, contre les titres, contre la verité, & contre la poffeffion.

Quant au fonds de ce qui fe trouve decidé par ladite pretenduë Sentence, il eft manifefte qu'elle juge contre le droit commun, contre les titres, contre la verité, & contre la poffeffion.

Elle juge contre le droit commun, puis qu'il eft inoüy

non

non ſeulement en matiere de Benefice, mais meſme en matiere d'office de meſme nature & qualité, que l'on ait jamais conſideré la creation ou fondation : Pour les Offices la loy de Theodoſe eſt expreſſe *titulo de Conſulibus:* Mais à l'égard des Benefices c'eſt un ordre auſſi ancien que l'Egliſe meſme, que l'on n'a jamais regardé entre les Eveſques le temps de la creation ou fondation de leur Egliſe : Cette maxime que le ſieur Roſlin veut eſtablir combat plus qu'il ne penſe la primauté du Saint Siege, ſur laquelle il pretend former la ſienne, puis qu'il eſt certain que l'Egliſe de Rome n'a eſté fondée qu'apres celle d'Antioche, & que celle de Hieruſalem l'a eſté la premiere de toutes ; mais ſans chercher ces grands exemples qui conviennent peu à deux petits Curés de Paris, on ſe contente de dire qu'entre Chanoines on n'a jamais conſideré pour le rang l'erection de leur Prebende, & qu'à l'égard des Curés il y a declaration expreſſe dans la Gloſe de la Pragmatique ſur le Paragraphe *Itaque* au titre *de Collationibus verbo Eccleſia;* donc cette pretenduë Sentence auſſi bien que celle de 1581. ayant fondé une préeminence ſur la primauté de fondation, quand bien meſme il ſeroit vray qu'il y en auroit eû une, ce qui n'eſt pas, elle ſeroit contraire au droit commun, & par conſequent abuſive.

Le ſieur Roſlin combat la primauté du ſaint ſiege, ſur laquelle il veut former celle de ſaint Mederic,

Ces grands exemples conviennent peu à deux petits Curés de Paris.

Mais ce qui contient un abus, que ny le laps du temps, ny nulle authorité, ny nulle Preſcription ne peuvent couvrir ; c'eſt que ladite Sentence dans la deciſion des differents qui eſtoient & qui ſont encore entre leſdits Cheveciers, eſt fondée ſur une erreur de fait, & qu'elle combat la verité, contre laquelle rien ne ſçauroit preſcrire ; VERITAS, dit le grand Tertullien dans le Livre *de Velandis Virginibus:* CUI NEMO PRÆSCRIBERE POTEST, NON SPATIA TEMPORUM, NON PATROCINIA PERSONARUM, NON PRIVILEGIA REGIONUM; cét erreur de fait, eſt que Pierre Guiche a ſuccedé à celuy qui par le Statut de l'an 1219. fut appellé Plebanus, & que ledit Phanuel tenoit le lieu de celuy qui depuis auroit eſté receu *ſecond Chevecier, auquel comme Coadjuteur auroit eſté delaiſſé par le premier Chevecier la moitié de ſa Prebende;* ce

Cette Sentence eſt neceſſairement abuſive, puis qu'elle fonde ſa deciſion ſur une ſuppoſition erronée qu'elle exprime nettement.

P

Cotte S.
Eile contient
deux chefs tous
deux de fait, &
tous deux faux.

font les propres termes de ladite Sentence.

Cette fuppofition erronnée contient deux chefs, tous deux de fait, & tous deux faux; & tous deux par confequent qui ne peuvent fe prefcrire, & qui donneroient lieu de revenir contre l'Arreft le plus celebre, le plus contradictoire, & le plus definitif que l'on puiffe donner. Le premier chef ; fçavoir eft qu'un des Titulaires de la Chevecerie de S. Mederic ait pris un Coadjuteur, eft fi fortement convaincu de faux par toutes les pieces de la production mefme du fieur Roflin, & il le fera encore fi puiffamment dans la fuite, que fans recourir au bon fens & à la raifon, puis que le fieur Rôlin les traitte de chimere & d'imagination ; on efpere qu'il fera obligé de faire le refte de la demarche dont il a déja fait une bonne partie ; & que preffé par la force de la verité, il renoncera pour fon honneur à une fable populaire qui ne merite pas que l'on s'y arrefte ; & pour le fecond chef, il doit demeurer pour conftant par tout ce qui a efté dit cy-deffus, & par les preuves invincibles tirées des titres produits par le fieur Roflin, comme auffi par la fuite des Cheveciers marquée dans les Synodes de l'Eglife de Paris, & dans les provifions des predeceffeurs des parties, que s'il y avoit eu un premier & plus ancien de fondation, c'eftoit à Iean Phanuël que cette qualité eftoit deuë , & que Nicolas Guiche devoit eftre declaré fon Coadjuteur, puis qu'il eft certain que Nicolas Guiche eftoit fucceffeur de Mauregard, que Monfieur Roflin reconnoift avoir efté qualifié fous-Chevecier par Meffieurs de Noftre-Dame ; on eft bien fâché de repeter fi fouvent cette preuve, parce que l'on eft perfuadé qu'elle n'eft pas agreable à Monfieur Roflin, mais qu'y feroit-on ? elle eft decifive.

Meffieurs les Arbitres trouveront par leur lumiere beaucoup d'autres raifons, d'abus & de nullité dans ladite Sentence ; mais l'on fe contente de dire qu'il eft affez inoüy qu'un acte auffi defectueux que celuy-là, & dans le fonds & dans la forme, ait pû donner lieu à un changement auffi grand que celuy qui s'eft fait infenfiblement dans l'Eglife de faint Mederic.

Apres cette difcuffion de ce pretendu jugement, peut-on s'empefcher d'admirer l'Advocat de Monfieur Roflin, lors qu'il fe fert de toute fon éloquence, pour dire que *s'il n'eft immuable & inviolable, il faut dire qu'il n'y aura jamais rien d'affeuré dans ces rencontres où l'immutabilité eft plus ne-ceffaire, & qu'il fera permis à chaque Titulaire d'un Benefice, de troubler l'ordre de l'Eglife en laquelle il fera receu, & LAS-CHANT LA BRIDE A SON AMBITION ASPI-RER A TOUTES LES PREROGATIVES DE L'ES-PERANCE DESQUELLES IL POURRA SE FLA-TER, ET AINSI ENTASSER PROCEZ SUR PRO-CEZ, ET FORMER DES CONTESTATIONS IM-MORTELLES*: Ne faut-il pas advoüer que pour appli-quer ces belles chofes à des actes fi defectueux, il faut eftre bien depourveu de ceux aufquels elles pourroient con-venir, & le fieur Cocquelin n'a-t-il pas grand tort de vou-loir faire reformer un acte en ce qu'il a decidé par Forclu-fion; apres qu'il a efté caffé en ce qu'il jugeoit contradi-ctoirement? mais il y a déja quelque temps que l'on a ap-pris de fe confoler par le témoignage de fa confcience, de toutes les accufations que Monfieur Roflin & fes Advocats veulent bien former fur de femblables fujets.

L'acte d'approbation du Chapitre que l'on produit avec ladite pretendüe Sentence en fuppofe la validité, la veri-té & la juftice, & ne peut pas la fuppléer; une fimple pro-teftation de Phanuël, auroit efté fuffifante pour deftruire un acte auffi informe que celuy dont eft queftion; mais l'acte d'appel qui y eft joint, & que Monfieur Roflin four-nit luy-mefme, eft plus que fuffifant pour mettre Phanuël à l'abry avec tous fes fucceffeurs; jufques à un jugement definitif, puis que quand il n'auroit rien oppofé à cette pre-tendüe Sentence, elle fe feroit toûjours deftruite par elle-mefme.

L'Acte du Mardy 23. du mefme mois, & du lendemain & autres jours fuivans, prouve que l'Archidiacre de Pa-ris l'un des Commiffaires ayant cherché les moyens de faire executer ladite Sentence par les parties, & de porter les Parroiffiens de faint Mederic à la recevoir fous pretexte de

---

Marginal notes:

Cotte S.

Merveilleufes faillies de l'Advocat de Monfieur Rô-lin. Fol. 47. de fon inventaire.

Il faut eftre bien pauvre de bons titres pour appuyer toute fon efpe-rance fur des pieces fi caduc-ques.

Phanuël inter-jeté appel de ce jugement.

Cotte S.

la paix, il ne put en venir à bout ; au contraire Phanuël perfiftant dans fon appel, l'Archidiacre fe contenta de l'exciter *à le pourfuivre, & à le faire vuider au pluftoft ;* il paroift mefme que les Parroiffiens, quoy que moins affectionnez à Phanuël ne voulurent prendre aucun party ; on ne voit point qu'ils l'ayent blâmé de fa refiftance, & Monfieur de Blanc-Menil premier Marguillier de ladite Eglife pretexta neceffité d'aller à la campagne pour ne fe point trouver à l'affemblée des Parroiffiens que ledit Archidiacre fit faire fur ce fujet ; ainfi fi cét acte en la forme qu'il eft de copie collationnée fur une minute non fignée peut faire foy, il eft plus favorable au fieur Cocquelin qu'à celuy qui le produit, & l'on ne comprend pas comment

Fol. 55.

l'Advocat de Monfieur Roflin peut advancer *que cét acte fait foy, que les Parroiffiens approuverent vnanimement le contenu dudit reglement comme eftant conforme aux anciens ufages de ladite Eglife, & fort propre pour y conferver la paix & arrefter le cours des conteftations dont elle avoit efté traverfée & agitée.*

Autre Sentence du 24. Novembre 1610. donnée par les mefmes Iuges.

La cinquiéme & derniere du 24. Novembre 1610. eft une autre Sentence renduë par fix de Meffieurs de Noftre-Dame, par laquelle ces Meffieurs declarent que Houiffier & fes fucceffeurs fe pourront qualifier premiers Cheveciers, & Phanuël & fes fucceffeurs declarés feconds Cheveciers.

- On répond que cette Sentence eft donnée en confeqnence de celle que l'on vient de contredire, fans aucun examen de pieces & de titres par cinq de ces mefmes Meffieurs qui avoient donné la precedente, avec celuy qui avoit fuccedé au Doyen; mais outre que la minute de cette Sentence ne fe trouve pas, & que la copie que produit le fieur Roflin n'eft ny fignée, ny authorifée ; afin que l'on connuft que l'affaire n'avoit point efté examinée par ces

Ils declarent qu'ils ont fuivy la precedente.

Meffieurs, ils declarent eux-mefmes qu'ils ont fuivy celle dont nous venons de parler du 23. Septembre 1597. ils en citent encore une du 7. Septembre 1605. qui ne fe trouve point ; & par confequent cette Sentence auffi bien que toutes les autres données fur les mefmes principes, & ap-

puyées fur les mefmes erreurs, tant de droit que de fait, font *Cotte S.*
nulles & abufives.

SOus la Cotte T. le fieur Roflin produit quatre pieces, *Cotte T.*
par lefquelles il veut prouver que le fieur Phanuël a
executé ladite Sentence.

On répond, *Primò*, que fi l'on n'avoit point peur de
dire des verités un peu fortes, on auroit de la peine à fe
contenter de dire qu'il n'y a que la juftice & la verité qui
ne fe contredit pas, & que c'eft par cette raifon que l'Advocat de Monfieur Roflin dit au feüillet 55. que le confentement des Parroiffiens au pretendu jugement de 1581.
obligea Phanuël d'abandonner fon appel, & de fe foumettre à l'execution de ce reglement; qu'immediatement apres,
il produit des Sentences qui prouvent qu'il n'y a pas ac- *Contradi-*
quiefcé, & que dans le temps mefme auquel il avoüe qu'il *ctions manife-*
a contefté, il fournit des actes par lefquels il pretend qu'il *ftes.*
s'eft foumis : on veut donc bien feulement remarquer que
le fieur Roflin vient de prouver fous la Cotte immediate
que Phanuël a appellé de ladite Sentence; qu'en 1605. il
intervint une autre Sentence contre luy; que mefme en
1610. il en intervint encore un autre pour le reduire à prendre ladite qualité; & il produit dans celle-cy des actes de
1598. & de 1602. dans lefquels il pretend qu'il a pris qualité de fecond & de Coadjuteur; on fe contente donc de
dire que ces fortes de contradictions prouvent la foibleffe
de la caufe, & l'on adjoufte que l'on a en main les preuves
certaines, que du temps de Monfieur du Hamel ceux qui *Surprifes con-*
prenoient intereft aufdites qualités ont eu l'adreffe de luy *tre Monfieur*
faire figner des contracts, dont les qualités eftoient en *du Hamel.*
blanc, comme on les laiffe ordinairement quand plufieurs
perfonnes les doivent figner, & de les faire remplir de la
qualité de fecond à l'égard dudit fieur du Hamel; ce qui *Qui l'obligent*
l'obligea de faire des proteftations contre cette furprife, *de protefter*
& le fieur Roflin s'eftant luy-mefme fervy de ce moyen *contre des*
pour prendre la qualité de premier, depuis que le fieur *actes en blanc*
Cocquelin eft fon Confrere le 24. Ianvier 1667. Meffieurs *que l'on avoit*
du Chapitre de faint Mederic en ayant efté informez firent *remplis à fon*
le Statut fuivant, *fur ce qui a efté rapporté à la Compagnie que* *prejudice.*

Cotte T.

Le S Roſlin taſche de faire la meſme choſe à l'égard du S. Cocquelin.

Il prend qualité de premier dans un Contract, dont les qualitez avoiët eſté laiſſées en blanc.

Le Chapitre de S. Mederic s'y oppoſe, & fait rayer les qualitez.

M. Roſlin l'un des deux Chanoines ſemiprebendez, & Curez-Cheveciers dudit S.Mederic, avoit ſigné Roſlin premier Chevecier, en deux Contrats paſſez du 23. de ce mois & an, il a eſté reſolu que cette maniere de ſigner eſtant nouvelle, contraire à l'ancien uſage, & aux precedentes deliberations dudit Chapitre de S. Mederic, LA QVALITE' PRISE PAR LEDIT SIEVR ROSLIN DE PREMIER, SEROIT RAYE'E EN LA MINVTE DESDITS DEVX CONTRATS; *que le Receveur dudit Chapitre ſe tranſporteroit chez leſdits Notaires, pour empeſcher que ces actes ne fuſſent groſſoyez avec icelle; que pour obvier à pareilles entrepriſes, l'on ſigneroit d'oreſnavant en plein Chapitre les actes qui le requerreront, où les noms & les qualitez des preſents ſeront remplis ſur l'heure, que la preſente concluſion luy ſera ſignifiée par la lecture qui luy en ſera faite au premier jour d'aſſemblée où il ſe trouvera.* Ledit acte eſt produit par le ſieur Cocquelin ſous la Cotte de la production nouvelle.

Qui peut douter que ſi Meſſieurs du Chapitre de S.Mederic n'euſſent eſté informez de cette nouveauté; la minute de ces actes, dont les qualitez eſtoient demeurées en blanc, n'eut eſté remplie conformément à celle que l'on avoit priſe dans la ſignature, & ainſi l'on auroit pû quelque jour les produire, pour prouver que le S. Cocquelin auroit acquieſcé auſdites pretenduës Sentences, dans le temps qu'il s'appliquoit avec plus de ſoin à en faire déclarer l'abus.

On répond: *Secundò*, que par la premiere de ces pieces Nicolas Guiche appelle bien Phanuël ſon Coadjuteur; mais cela ne prouve pas qu'il fut vray, & encore moins que Phanuël par ledit acte en ſoit demeuré d'accord: Et tout Coadjuteur qu'il le diſoit, encore paroiſt-il qu'il avoit dans ſa ſemaine les clefs de toutes choſes concernant l'Office de Paſteur de ſon Egliſe, conformément au ſtatut de 1578. & depuis que le S. Cocquelin eſt pourveu de la Cure de S. Mederic, il a eſté neuf mois entiers ſans pouvoir obtenir une clef du lieu où l'on ſerre les cires, dont la moitié luy appartient; mais les choſes où il y aura quelque ombre d'intereſt, le toucheront toûjours le moins.

On répond: *Tertiò*, que quand Phanuël auroit acquieſcé, & que dans le deſſein de s'accomoder avec Houiſlier, ainſi qu'il le fit effectivement en 1616. pour faire ſa compoſition meilleure, il ſeroit demeuré d'accord de tout ce que Houiſlier euſt voulu ; en quoy il auroit pû penſer ne porter aucun prejudice à ſon Benefice, puis qu'il pouvoit preſumer que la reünion s'en faiſoit pour toûjours ; il ne s'enſuivroit pas qu'il euſt pû faire aucun tort à ſes ſucceſſeurs, puis qu'il eſt certain que les titulaires ne ſont que les œconomes & les diſpenſateurs des droits de leur Benefice, qu'ils n'en peuvent ny diſpoſer, ny tranſiger comme Maiſtres, & que l'eſpece dont il s'agit eſt de telle nature, que quand il ſeroit intervenu Arreſt par appointement entre les parties, il ne pourroit prejudicier au droit de celle qui auroit eſté leſée.

Cotte T.
Phanuël ayant remis ſa portion de Cure à Houïſlier ſon Collegue : ce qu'il auroit fait ne peut prejudicier à ſes ſucceſſeurs.

Tous ces pretendus actes du Chapitre de Paris, ſur leſquels ſeulement Monſieur Roſlin peut appuyer ſes pretentions eſtant donc nuls, il s'enſuit manifeſtement que Meſſieurs du Chapitre n'ont étably aucune difference, aucune inégalité, ny aucune ſubordination entre les deux Cheveciers de S. Mederic ; mais on prie Monſieur Roſlin de vouloir expliquer plus nettement ſa penſée ; on le prie de vouloir marquer preciſément en quel temps il veut qu'ils ayent inſtitué cette dépendance, & cette ſubordination, qu'il ſoûtient avec tant de chaleur ; lors qu'il dit qu'ils ont pû faire tel changement qu'ils ont voulu dans ces deux Benefices ; s'il croit qu'ils l'ayent étably dés le commancement de la diviſion, il faut pour le prouver qu'il produiſe d'autres pieces, & d'autres titres, qui juſtifient mieux que celles qu'il a produites cét établiſſement, & c'eſt ce qu'il fera malayſément, puiſque celles qu'il produit juſtifient de l'uſage contraire, & marquent une entiere égalité.

Meſſieurs du Chapitre de Paris n'ont pas pretendu établir aucune difference dans les deux portions.

Que ſi la ſubordination n'eſt point dés le premier établiſſement, ainſi que ſans s'en appercevoir, il en demeure d'accord : Sa cauſe eſt bien ébranlée, & ne pourra ſe ſoûtenir s'il ne marque le temps auquel ces Meſſieurs ſe ſeront ſervis de toute leur authorité, & de celle des Superieurs majeurs, pour faire ce changement.

Le S. Roſlin ſans s'en appercevoir convient que l'égalité a eſté dans les premiers temps

S'il dit que c'eſt par la Sentence pretenduë de 1597. on luy répondra qu'une Sentence, & un jugement juridique,

Vn jugement juridique confirme ſeule-

Cotte T. ment le droit des parties, & ne le change pas.

ne change point l'état des chofes, mais établit & confirme l'ordre felon le droit des parties, & on le priera de répondre à tous les moyens d'abus, que l'on oppofe à cette Sentence ; s'il dit que ce changement a efté fait lors de la partition des Benefices, eftant à la collation du Chapitre de Noftre-Dame, on luy répondra qu'un ftile de partition ne peut pas faire un jugement, & ne peut tenir lieu de reglement, que les termes de *prima & altera portio* n'ont efté employez dans ladite partition, que pour fervir de defignation, & non pas pour élever une portion au deffus de l'autre : S'il infifte à pretendre que cette portion, qui eft qualifiée *altera* dans la partition, ne peut eftre que s e-CONDE SUBORDONNE'E, DEPENDANTE, IN-FERIEURE. On le prie de faire reflexion, que la provifion de Nicolas Guiche fon predeceffeur, & plufieurs autres de fes predeceffeurs, ayant efté expediées avec ce terme, *altera portio, il a bien mauvaife grace*, pour fe fervir de fes propres termes, de venir contre fon propre titre, pretendre une fuperiorité, qui ne luy appartient pas, & qui ne peut convenir à celuy, qui comme fucceffeur de Mauregard ne devroit eftre que fecond Chevecier de S. Mederic.

Enfin, quelque temps qu'il marque, & quelque acte qu'il produife, on le prie bien fort de permettre que l'on luy dife que Meffieurs du Chapitre de Noftre Dame, quelques Superieurs qu'ils foient, n'ont pû faire ce changement fans l'authorité des Superieurs Ecclefiaftiques, à laquelle ils ont eû recours dans des affaires de bien moindre confequence, & qu'ils n'ont pû rien ftatuer au prejudice de l'un des deux Cheveciers, qui foit contraire au droit commun, auffi ne fe trouvera-t'il pas qu'ils ayent entrepris de le faire ; & fi la brigue de quelques particuliers dans un pretendu Iugement donné par forclufion fur des fuppofitions (dont la fauffeté eft manifefte) a adjugé à l'un des deux ce qui ne luy appartenoit pas. Meffieurs du Chapitre dans les derniers Synodes, ont déja commencé de corriger cét abus, en retranchant cette qualité de premier (que l'on peut appeller le Seminaire des defordres de l'Eglife

Meffieurs du Chapitre de Paris ont commencé de corriger cét abus dans le dernier Synode.

de

de S. Mederic) nonobstant tous les moyens dont on sçait que le S. Roslin s'estoit servy pour se la conserver. *Cotte T...*

Mais on pourroit adjoûter à toutes ces raisons, qu'il y a lieu de douter si Messieurs du Chapitre peuvent changer les anciens usages des Eglises, & y introduire des nouveautez, sans l'authorité, au moins, de l'Evesque diocesain : On pourroit citer le Chapitre : *Cum consuetudinis*, *extra consuetudinem*, lequel selon la lection vulgaire est adressé au Chapitre de Paris, *cum consuetudinis ususque longævi non sit levis authoritas, & plerumque discordiam pariant novitates authoritate vobis præsentium inhibemus, ne ab Episcopi vestri consensu, immutetis Ecclesiæ vestræ consuetudines approbatas, vel novas etiam inducatis, si quas forte fecistis. Irritas decernentes ;* Or il n'est pas icy question seulement d'une simple coustume ; mais il est question de l'extinction d'un Benefice, & d'une Cure, qui seroit reduite à une simple Coadjutorerie, & il est constant parmy les plus celebres Docteurs de Droit, que les Chapitres & autres Collateurs inferieurs à l'Evesque, ne peuvent faire aucune erection ny suppression, sans l'authorité des Superieurs majeurs, ainsi que Probus l'a remarqué sur la glose de la pragmatique : *De electionibus §. licet, verbo reservationes.*

Et comme on a fait voir que le Chapitre de Nostre-Dame a fait la division de la Chevecerie-Cure de S. Mederic, par vertu d'un pouvoir obtenu du Pape ; l'une des deux portions ne peut estre détruite que par le mesme pouvoir.

La division de la Chevecerie-Cure de S. Mederic en deux portions faite par authorité du Pape, ne peut estre détruite par une moindre authorité.

SOus la Cotte V, le S. Roslin produit un Arrest du 10. Iuin 1617. rendu entre Guy Houïssier, & Iean Phanuel, Cheveciers-Curez d'une part, contre les Chanoines de la mesme Eglise, touchant la qualité de Curés primitifs, laquelle lesdits Chanoines pretendoient s'attribuer.

Cotte V.

M. Roslin produit l'Arrest qui casse & annulle la Sentence de 1597. au premier chef.

L'induction qu'il en tire est, que Phanuel n'a point reclamé dans le dispositif dudit Arrest, contre ce qui avoit esté jugé à son prejudice par la Sentence de 1597.

On répond : *Primò*, que ledit Arrest casse & annulle ladite Sentence au premier chef, quoy qu'elle eust esté instruite contradictoirement à cét égard ; ce qui doit estre un pre-jugé infaillible touchant l'autre chef, ſur lequel elle n'a eſté donnée que par forcluſion, ainſi qu'il a eſté dit cy-deſſus, & partant le S. Phanuel faiſoit aſſez pour luy de la faire déclarer abuſive, dans la partie la plus conſiderable ; & l'on ne voit pas que Monſieur Roſlin faſſe beaucoup pour ſes pretentions, quand il produit une piece qui détruit cette Sentence, laquelle a donné lieu à toutes les entrepriſes de ſes derniers predeceſſeurs.

On répond : *Secundò*, que ledit Arreſt, quoy que donné depuis leſdites Sentences, n'établit aucune inégalité entre leſdits Cheveciers, & ne donne point la qualité de premier au S. Houïſſier, ny celle de ſecond à Phanuël, encore moins celle de Coadjuteur ; mais les traite conjointement de *Cheveciers-Curez de ladite Egliſe.* Ce qui fait voir qu'elles n'ont point eſté executées, & que l'on n'y a eû aucun égard.

On répond : *Tertiò*, que quand bien meſme Phanuël auroit negligé de deffendre ſes droits à l'égard de Houïſſier, dans l'occaſion dudit Arreſt, ce qu'il auroit fait ne pourroit porter aucun prejudice à ſes ſucceſſeurs, puis qu'il eſt conſtant qu'il s'eſtoit défait de la portion de ſon Benefice, & qu'il n'en eſtoit plus titulaire.

SOus la Cotte X, le ſieur Roſlin produit une copie figurée du Reglement fait par le Chapitre de Paris, le 12. Aouſt 1569. pour prouver qu'il y a falſification dans ledit ſtatut, pour raiſon de laquelle il a formé ſon inſcription de faux.

Puis qu'il eſt conſtant par tout ce qui a eſté dit cy-deſſus, qu'il ne peut y avoir aucune primauté de fondation entre leſdits Cheveciers, c'eſt au S. Roſlin à deffendre ledit acte, comme eſtant favorable à ſon antiquité de reception.

Mais dans le meſme eſprit, par lequel on luy a déja conſervé cy-deſſus les avantages qui luy appartiennent de droit en ladite qualité, on veut bien luy donner des preuves certaines de la verité dudit ſtatut, qui conſiſtent : *Primò*, en ce que quelques-uns de Meſſieurs du Chapitre de Noſtre-Dame, des plus intelligens dans les affaires de la Compagnie, témoignent que ces lignes que le sieur Roslin dit Cotte **X.** avoir esté adjoûtées sur la minute, sont écrites de la main de celuy qui se trouve avoir esté nommé pour Commissaire dans l'affaire, sur laquelle ledit Reglement est intervenu, ce qu'il est aisé de justifier par confrontation avec beaucoup d'autres écritures de la mesme main : *Secundò*, l'on produit une grosse en bonne forme, signée du Greffier du Chapitre de Nostre-Dame, qui estoit pour lors, expediée dans le mesme temps, qui fut déposée dans les Registres de S. Mederic, pour y estre executée, & d'où elle a esté tirée, pour servir de contredit à l'inscription de faux, faite par ledit sieur Roslin, & il est à observer que le sieur Le S. Houïssier Houïssier s'en est servy luy-mesme contre les Chanoines de s'en est servy. ladite Eglise.

On veut bien adjoûter que cette Sentence a esté execu- Elle a esté exe-tée dans le Chapitre de S. Mederic, & que c'est en vertu cutée. de ce Reglement que Louïs d'Alençon se trouve durant quatre ans nommé le premier, & qu'il a precedé Pierre Guiche son Collegue predecesseur du S. Roslin, qui commençoit à vouloir usurper la premiere place ; ce qui obligea ledit d'Alençon d'obtenir ledit Reglement, en vertu duquel il demeura en possession des avantages qu'il pretendoit en qualité d'ancien de reception.

On répond outre cela, que la mesme main qui a fait l'addition dans la minute du statut de 1569. a fait plusieurs autres corrections de Grammaire & d'ortographe dans ladite minute ou projet d'iceluy ; ce qui est une preuve que cette addition n'a point esté faite aprés coup, mais par les Commissaires mesmes, & cette preuve estant confirmée par la grosse que l'on rapporte, & qui est saine & entiere, & expediée en bonne forme par le mesme Greffier, écrite & signée de luy, & déposée dans les Archives de S. Mederic, où elle a esté executée, & le sieur Houïssier mesme s'en estant servy, & en ayant produit une copie collationnée contre les Chanoines, il ne peut rester aucun lieu de douter de la verité de cét acte.

Enfin, le sieur Cocquelin pretend qu'il n'a pas besoin de titres, pour prouver que l'ordre de reception doit estre gar-

Cotte. X. dé, il n'a point d'intereſt que cela ſoit ainſi : C'eſt au ſieur Roſlin à le pretendre, & l'on n'en demeure d'accord, que parce que l'on ſe ſoûmet à ce que le droit commun ordonne entre deux perſonnes reveſtuës d'un meſme Benefice. Droit qui doit eſtre executé independemment de tous les titres qui peuvent y eſtre ou conformes ou oppoſez, le ſieur Cocquelin déclare meſme qu'il ne conſent l'execution de ladite Sentence, qu'en ce qu'elle ordonne de conforme au droit commun, & non pas dans le reſte.

Cotte Y. SO u s la Cotte Y, le ſieur Roſlin produit trois pieces, pour prouver que dans les Convois où le Chapitre a aſſiſté ; ſes predeceſſeurs ont dit la Meſſe, & fait l'Office, quoy qu'ils ne fuſſent pas en ſemaine.

La premiere de ces trois pieces eſt une table des ſemai-
Actes de 1645. nes deſdits Cheveciers depuis Ianvier 1645. juſques en Decembre 1651. La deuxiéme & troiſiéme ſont extraits des Regiſtres des aſſiſtances auſdits Convois.

On répond que la deuxiéme deſdites pieces ne parle, ny d'Office ny de Meſſe, & qu'encore que celuy qui ſe pretendoit l'ancien, ſoit nommé le premier ; il ne s'enſuit pas qu'il ait Officié.

On répond : *Secundò*, que la premiere & la troiſiéme ne ſont pas authentiques : La premiere n'eſtant qu'une feuïlle volante, & quand elles le ſeroient, elles prouveroient bien que Monſieur Barré a fait quelquefois l'office auſdits Convois, quoy que peut-eſtre, il ne fut pas en ſemaine, ce qui ne ſe voit pas fort clairement ; mais quand cela ſeroit, la raiſon eſt que comme il venoit tres-peu ſouvent faire ſes fonctions en ladite Egliſe, le ſieur du Hamel pouvoit le laiſſer officier, quand il le ſouhaitoit, ſans que cela luy portaſt aucun prejudice, n'y ayant pour lors entre eux aucune conteſtation.

On répond : *Tertiò*, que quand bien meſme Monſieur Barré auroit pretendu faire leſdites fonctions de droit, ce ne pourroit eſtre qu'en vertu de ladite Sentence dont eſt appel, & qu'ainſi l'on ne peut ſe prevaloir de ſes ſortes d'exemples.

SOus la Cotte Z. le sieur Roslin produit cinq pieces qui contiennent la procedure du sieur du Hamel, commencée en Ianvier de l'an 1650. d'où il infere que jusqueslà, les reglements, dont est appel, ont esté executés.

On répond que l'on doit en inferer tout le contraire, & que le sieur Cocquelin produit les mesmes pieces, pour prouver deux choses; la premiere, que Monsieur Barré s'advisa de pretendre l'execution desdits reglemens, ausquels jusques alors on n'avoit eu aucun égard, & que le sieur du Hamel fut obligé d'entrer dans la juste deffence des droits de son Benefice; la seconde, que le sieur du Hamel ayant commencé de se pourvoir en Ianvier 1650. quand bien mesme lesdits reglements auroient esté executés, ce qui ne se trouvera pas, il ne peut y avoir de Prescription, pour les raisons cy-dessus alleguées.

SOus la Cotte A A. le sieur Roslin produit deux Arrests de provision donnés à l'Audiance sur les Plaidoyers des parties, par lesquels il pretend prouver que la Cour a déja decidé leur different, & sur la maxime qu'il advance, & qu'il rend autant generale qu'il luy est possible, *que les provisions en telle matiere passent ordinairement en deffinitive;* il essaye de s'assurer les advantages que ces Arrests ont donnés à ses predecesseurs.

On répond à l'induction generale que l'on reserveroit en vain la decision du fonds des affaires, si le jugement definitif devoit toûjours estre conforme à la provision, & il paroistra mesme par lesdits Arrests; que l'esprit de la Cour a esté d'examiner quelque jour les choses avec beaucoup plus d'application dans la definitive; par un préjugé manifeste que l'on en avoit tres-peu apporté dans les Sentences dont est appel.

Le premier est un Arrest du 19. Ianvier 1651. qui commence par *la reserve des qualités des parties à ce qu'elles ne puissent leur nuire ny prejudicier, mesme celle de premier & de plus ancien Chevecier prise par le sieur Barré,* par lequel sur les appellations comme d'abus, *la Cour appointe les parties au Conseil, & sur la demande en complainte en droit & joint, & cependant* SANS PREJUDICE DES DROITS DES

PARTIES, ordonne QUE LES DEUX CHEVECIERS EXERCERONT TOUTE SORTE DE FONCTIONS CURIALES CHACUN DANS LEUR SEMAINE, *& aura ledit Barré le premier la préféance, & le pas ; enfemble fera l'Office à fon choix en deux Feftes folemnelles de l'année.*

On répond que cét Arreft eft intervenu entre Monfieur Barré, Confeiller de la Cour, Chanoine de Noftre-Dame ; l'ancien Chevecier-Curé de reception, & Monfieur du Hamel fecond Chevecier de reception, & que dans l'embarras & l'ambiguité des pieces, la multitude des titres cottez de part & d'autre, & le témoignage de Monfieur Bignon, que l'affaire eftoit obfcure & difficile ; le Parlement crût que Monfieur Barré eftant l'ancien fur Monfieur du Hamel, il ne faifoit pas un prejudice confiderable audit fieur du Hamel, en l'obligeant de ceder le pas avec deux Feftes à fon ancien, conftitué en dignité, qui avoit efté fon Iuge en qualité de Confeiller de la Cour, & qui eftoit actuellement fon fuperieur en qualité de Chanoine de Noftre-Dame ; & cela par Arreft de provifion qui pourroit eftre reformé en definitive.

Et parce que dans les jugements de provifion, on s'arrefte ordinairement à quelqu'un des derniers reglements ; la Cour ordonna conformément au Statut de 1581. qu'il feroit l'Office à fon choix en deux Feftes folemnelles : Mais ce fut neantmoins en rejettant tacitement le principe de ce Statut, puis que bien loin de prononcer fur l'antiquité de fondation en faveur d'une perfonne, pour qui la compagnie avoit fans doute toute l'eftime & toute l'inclination poffible ; elle en fait une referve expreffe, non feulement en ce que dans le dictum, elle ne qualifie point Monfieur Barré du nom d'ancien ou premier Chevecier ; mais mefme dans les qualités de l'Arreft, la referve de cette pretenfion eft exprimée ; de forte qu'il paroift affez que la penfée de la Cour alloit à une égalité entiere dans le fonds, puis qu'outre la referve defdites qualités l'Arreft porte expreffement que *les Cheveciers exerceront toute forte de fonctions Curiales chacun dans leur femaine.*

Le fieur Roflin fe fert dudit Arreft, principalement pour

deux choses. *Primò*, Il fait sonner fort haut quelques ter- *Cotte A A.*
mes de Monsieur Bignon, qui advance dans son Plaidoyer
qu'il y a eu portion fixe entre lesdits Cheveciers, & que le Curé
de main droite a toûjours esté le premier, a eu la préseance,
quelques honneurs & prerogatives pardessus l'autre, & que cela
n'a point esté par l'antiquité de reception.

On répond que Monsieur Bignon voyant bien que l'affaire n'estoit pas de celles qui peuvent estre jugées à l'Audiance, n'entra point dans toute la discussion que doit faire un rapporteur, quand il s'agit d'en juger le fonds ; mais
il s'en instruisit assez pour faire entrer la Cour dans la pensée de l'appointer selon les derniers errements, & qu'il en
parla dans ce dessein ; il est aisé de voir qu'il n'avoit pas
examiné la chose avec la derniere application, puis qu'il
advance que les predecesseurs du sieur Barré avoient toû- Monsieur Bi-
jours eu la préseance, & qu'il est constant par des preuves gnon preten-
sans replique, & par l'adveu mesme du sieur Roslin, que doit seulement
cela n'a pas toûjours esté ; mais quoy que ce grand hom- l'affaire, il en
me n'entrast pas dans le dernier détail des titres qu'il faut dit assés pour
examiner, pour avoir une connoissance entiere de cette ruïner toutes
affaire, il n'a pas laissé d'en dire assez pour ruïner toutes de Monsieur
les pretensions de la superiorité imaginaire du sieur Roslin, Roslin.
puis qu'il dit expressément *que l'autre n'est point son Vicaire,*
& qu'il n'est point raisonnable qu'il fasse toutes les fonctions de
Curé toutesfois & quantes que bon luy semblera ; qu'il y a doute,
qu'il y a obscurité & ambiguité dans la multitude des titres : Et
en suitte il conclud conformement à ce qui a esté prononcé
par ledit Arrest. Ce qui confirme manifestement la réponse que ledit sieur Cocquelin fait pour contredit à l'induction que ledit sieur Roslin en tire.

La seconde chose que ledit sieur Roslin pretend expliquer à son advantage, conformement à ce que son oncle
le sieur Amiot a aussi pretendu, c'est que le choix des Les deux jours
deux Festes solemnelles dans l'année données audit sieur adjugés à
Barré, se doit entendre de l'Office Curial, & non pas du Monsieur Bar-
Canonial, & la raison de cette pretension est que ce qui ré ne peuvent
suffisoit à Monsieur Barré dans l'obscurité où estoit l'affai- l'Office Cure, pour marquer son droit d'aisnesse à raison de l'antiqui- rial.

té de reception, & principalement de fa qualité, ne fuffit pas pour marquer les advantages de cette primauté de fondation imaginaire, & de cette fuperiorité chimerique que les fieurs Amiot & Roflin ont voulu s'attribuer; ils ont crû pouvoir joindre aux pretenfions de Monfieur Barré, celles de faire tout l'Office Canonial extraordinaire, & parce que cette pretenfion fe trouvoit bornée par cét Arreft auffi bien que par le Statut de 1581. & reftrainte à deux jours feulement; il leur à plû d'expliquer l'un & l'autre de l'Office Curial, pour fe mettre enfuite en poffeffion du Canonial.

L'on a répondu avec affez de folidité à cette pretenfion dans le contredit du pretendu reglement de 1581. pour n'avoir que peu de chofes à y adjoufter; on dira feulement que puis que Monfieur Roflin fouftient dans fa production, que tout l'Office Curial dans les plus grands jours de l'année confifte à la feule grande Meffe qui fe dit prefentement à huit heures, & qui auparavant 1610. fe difoit à fept heures à l'Autel de Parroiffe, & qu'il pretend que la Proceffion du jour du faint Sacrement, qui eft l'un des deux jours portés par ledit reglement de 1581. eft de l'Office Canonial, perfonne de bon fens ne croira que Monfieur Barré fe foit brouillé avec fon confrere, pour dire cette Meffe, durant qu'il luy auroit abandonné l'Office Canonial extraordinaire beaucoup plus celebre dans ces grands jours, & l'on croira encore moins qu'en cás que Monfieur Barré l'euft ainfi pretendu; Monfieur du Hamel eut voulu fe brouiller avec luy pour le luy contefter.

Il eft impoffible que Monfieur Barré ait voulu quiter l'Office Canonial pour le Curial, ou que Monfieur du Hamel fe foit brouillé pour pretendre la mefme chofe.

C'eft à quoy l'on voudroit bien que Monfieur Roflin & fon confeil entrepriffent de répondre; on leur en a déja fourny l'occafion, mais ils n'ont pas fait cas de fatisfaire à cette difficulté.

Il doit donc demeurer pour conftant que ces deux jours accordez par provifion à Monfieur Barré, doivent s'entendre de l'Office Canonial extraordinaire, qui felon l'efprit de cét Arreft doit eftre dans tout le refte de l'année également & alternativement partagé entre lefdits Cheveciers; & que ces deux jours ne furent adjugez au fieur Barré

Barré que sur le Statut de 1581. qui a donné à Pierre Gui- *Cotte A A.*
che deux jours au prejudice de le Poultier, sur le faux principe d'une ancienneté de fondation, & par consequent
ledit Passedroit ne peut passer en deffinitive.

Le sieur Cocquelin tire de cét Arrest une induction sans Quelque dessein que l'on
replique contre la pretenduë Sentence de 1597. & contre eut de favoriser Monsieur
l'attestation mandiée de 1578. & conclud qu'il faut bien Barré l'on n'a
que ces pieces ayent paru bien informes à la Cour, & eû aucun égard
qu'elle en ait reconnu le deffaut & l'abus, puis que l'on n'y à l'attestation
a eu aucun égard, & que Messieurs les gens du Roy, bien pretenduë.
loin d'y faire attention ont advancé tout le contraire.

Mais pour répondre plus precisément audit Arrest le
sieur Cocquelin pretend qu'il ne faut pas s'estonner si l'on
donna pour lors quelque advantage au sieur Barré sur le
sieur du Hamel ; puis qu'outre les raisons cy-dessus mar- *Fol. 55.*
quées l'Advocat du sieur Barré suppose plusieurs choses L'Advocat du
sieur Barré
manifestement contraires à la verité, & dont la Cour n'a supposa plusieurs choses
pû estre détrompée sur le champ, qui estoient les mesmes dont il fut impossible de fai-
dont Messieurs les Arbitres connoissent presentement la re voir la fausseté sur le
fausseté. champ.

Primò, Il suppose qu'en 1329. Vitervilla estant seul avoit Premiere supposition.
pris un Coadjuteur, & il est justifié en l'instance, & le
sieur Roslin est obligé d'en demeurer d'accord, qu'il y
avoit deux Cheveciers à saint Mederic dés 1300.

Secundò, Il suppose que *Henricus de Giemo*, parce qu'il est Seconde supposition.
nommé en 1303. & 1308. *Capicerius & Provisor domus pau-* *Fol. 13.*
perum mulierum, estoit seul Chevecier & predecesseur de
Monsieur Barré, & il n'en rapporte neantmoins aucune
preuve, & ce mesme Henry de Giem se trouve en 1300.
le second, & Gaufridus de Nigella le premier dans le
Chapitre assemblé.

Tertiò, Il suppose à la Cour qu'en 1340. Firminus de Mo- Troisiesme
supposition.
lanis qu'il reconnoist avoir esté predecesseur de Mon- *Fol. 16.*
sieur Barré estoit premier Chevecier, & neantmoins il est
constant par sa provision qu'il est predecesseur de Raoul de
Bon-sens, lequel Raoul de Bon-sens a esté Collegue Contemporain de Mᵉ Guillaume Chalop, sur le testament duquel le sieur Roslin pretend fonder toute sa pretenduë
primatie. R

Quartò, Il suppofe à la Cour que ledit *Firminus de Mo-lanis* & ledit Chalop, font tous deux predecesseurs dudit fieur Barré, & par la raifon cy-desfus bien justifiée en l'inftance, il n'y en peut avoir que l'un des deux; & le fieur Rosin ne peut dire lequel; puis qu'ayant tous deux efté premiers, ils ont aussi tous deux joüy de la preseance & des prééminences, & l'on ne peut par consequent conclurre, que parce que ledit Chalop a eû fa feance à droit, qu'il foit pour cela le predecesseur dudit fieur Rosin, puis qu'il faut conclurre felon ledit fieur Rosin, mesme, que Firminus de Molanis l'a aussi euë; puis que felon luy-mesme il a esté aussi premier Chevecier.

Quintò, Il suppofe à la Cour que Mauregard qualifié fous-Chevecier de faint Mederic en 1406. est le predecesseur du fieur du Hamel, & la verité est qu'il est predecesseur du fieur Barré; ainfi qu'il est justifié cy-desfus, & par les Synodes, & par les preuves que le fieur Rosin en fournit luy-mesme, & par toutes les provisions defdits Cheveciers en remontant depuis le fieur Rosin jufques audit Mauregard.

Sextò, Il suppofe à la Cour que Me Jacques Branlard, qu'il reconnoift premier Chevecier & Contemporain dudit Mauregard fous-Chevecier est predecesseur dudit fieur Barré, & la verité est que c'est tout le contraire, que le fieur Cocquelin est successeur dudit Branlard, & ledit fieur Barré successeur dudit de Mauregard.

Septimò, Il suppofe à la Cour que Simon de Bourich predecesseur dudit Branlard est predecesseur dudit fieur Barré; ce qui ne peut estre, puis que Branlard est predecesseur dudit fieur Cocquelin, & que Simon de Bourich est predecesseur de Branlard.

Octavò, Il suppofe à la Cour que Jean Riviere, Jean de Lolive & Charles Sac successeurs dudit Branlard; lefquels il prouve & reconnoift avoir esté les premiers Cheveciers font predecesseurs dudit fieur Barré, & la verité est que ce font ceux du fieur Cocquelin, ainfi qu'il est justifié cy-desfus.

Nonò, Il suppofe à la Cour que la place des predecef-

seurs dudit sieur Barré a toûjours esté fixée au costé droit
du chœur, & qu'elle donne la preseance ; & neantmoins
il est constant par la production mesme dudit sieur Roslin,
par laquelle en cela ledit sieur Cocquelin prend droit, que
lesdits Simon de Bourich, Jacques Branlard, Riviere, de
Lolive, & le sac ont esté les premiers Cheveciers, & ont
joüy par consequent de la préeminence, & de la seance au
costé droit, ou que ceux qui estoient à gauche ne laissoient
pas d'estre les premiers.

Decimò, Il suppose à la Cour que Me Guillaume Chalop est predecesseur dudit sieur Barré, & neantmoins il
faut par la production dudit sieur Roslin, necessairement
conclurre que ledit Chalop est predecesseur de Me Jacques
Branlard ; & le sieur Roslin ne peut changer de langage à
cét égard, sans demeurer d'accord que Guillaume Chalop seroit predecesseur de Denis de Mauregard qualifié
sous-Chevecier, que l'on suppose contre toute verité estre
predecesseur du sieur Cocquelin ; quoy qu'il soit constant
qu'il est predecesseur du sieur Roslin.

Vndecimò, Il est vray comme il le suppose que Baudoüin
David predecesseur du sieur Cocquelin est installé à gauche ; mais il est vray aussi que ledit Baudoüin David est
successeur de Monseigneur Charles le Sac successeur dudit
de Lolive, Riviere, Branlard, de Bourich, & par consequent de Me Guillaume Chalop ; ce qui prouve que tous
les Cheveciers estoient pour lors installés à la gauche, &
qu'ils succedoient à la droite par la mort de leur ancien, &
par consequent que cette place n'estoit point fixée.

Duo-decimò, Il suppose à la Cour que le sieur Barré & ses
predecesseurs ont toûjours occupé le Presbitere, qu'il
qualifie du nom *de Casula sancti Mederici*, & la verité est
qu'il n'y a jamais eu de Presbitaire : *Casula sancti Mederici*
estant la Chapelle qui est encore sous terre ; & la maison
Presbiterale desdits sieurs Barré & Roslin n'est qu'une
portion & moitié de maison, qui est une acquisition de
l'œuvre dont le sieur Cocquelin possede la plus considerable moitié ; ainsi qu'il est justifié en l'instance dans la
production du sieur du Hamel Cotte D D.

Toutes ces verités & plufieurs autres eftoient pour lors inconnuës au fieur du Hamel ; parce que les Archives de l'Eglife de Paris & de faint Mederic luy eftoient fermées, & c'eft pourquoy la Cour dans ce doute donna quelque advantage à Monfieur Barré pour qui toutes chofes concouroient.

Que fi nonobftant le deffaut de toutes ces pieces que le fieur du Hamel n'a pû produire, & dont Monfieur l'Advocat general Bignon n'avoit eû aucune communication ; il n'a pas laiffé de dire qu'il y avoit obfcurité & ambiguité dans les titres, & s'il a conclu à l'appointement ; en quoy fes conclufions furent fuivies, peut-on douter qu'il n'euft conclu en faveur du fieur du Hamel, fi l'affaire euft efté fuffifamment eclaircie, & au point où elle l'eft à prefent, & que la Cour n'euft mis les parties dans une entiere égalité ?

On adjouftera à cette réponfe une petite reflexion fur la conduite de Monfieur Barré qui malgré tous les advantages qu'il pouvoit pretendre, fe contente de fe dire premier & plus ancien Chevecier ; fans y adjoufter le mot de fondation, fur lequel on veut fonder une authorité imaginaire, & qui ne s'eft jamais qualifié SUPERIEUR à l'égard de Monfieur du Hamel, & n'a jamais parlé de SUBORDINATION D'INFERIORITE' DE DEPENDANCE ; ceux qui repetent tous ces termes à chaque page, jufques à donner du degouft aux plus patiens & aux plus def-intereffez, peuvent tirer quelque profit de cette remarque.

Le fecond Arreft eft du 18. Decembre 1652. il eft donné entre les fieurs Amiot & du Hamel, & la Cour declare qu'elle *reçoit les Chanoines & Chapitre, & les Marguilliers de faint Mederic intervenans, & fur la requefte & intervention appointe les parties en droit à écrire & produire ce que bon leur femblera dans huictaine, & joint à l'inftance reglée par un Arreft du 19. Ianvier 1651. QUE LES PARTIES FERONT DILIGENCE DE FAIRE JUGER INCESSAMENT ; cependant par provifion la partie de petit-pied, c'eft à dire le fieur Amiot exercera & fera toutes les fonctions Canoniales extraordinaires, comme premier Chevecier à la Fefte de Noël*

prochaine, & autres Feftes folemnelles Canonialles extraordinai- Cotte AA.
res, ET AVTRES IOVRS; & en fon abfence ledit du Ha-
mel fecond Chevecier, & en fon abfance le plus ancien Chanoine fucceffivement l'un à l'autre.

Pour réponfe à cét Arreft, & à toute l'induction que le
fieur Roflin en peut tirer; le fieur Cocquelin employe: Le premier Ar-
reft devant
Primo, le contredit à l'induction generale de la prefente s'entendre de
l'Office Cano-
cotte: *Secundo*, il dit que fi le premier Arreft de 51. fe doit nial,felon qu'il
entendre de l'office Canonial, ainfi qu'il eft indubitable, eft manifemenr
& qu'il croit l'avoir folidement prouvé, celuy-cy ne peut prouvé; celuy-
cy n'a aucun
avoir aucun fondement; Il pretend: *Tertio*, qu'il fuffit de fondement, ny
marquer le nom des parties, avec la datte du temps, pour mefme aucun
en connoiftre les raifons, & y fournir de tres-fortes repli- pretexte.
ques; & comme Meffieurs les Arbitres les connoiffent af- Conjoncture
fez, il fuffit de marquer en peu de mots que le S. Amiot, du temps.
homme de grande reputation pour les chofes de cette nature, & tres-verfé dans les affaires du temps, & du Barreau,
avoit trouvé le fecret de faire une liaifon apparente de fes
interefts particuliers, avec ceux du public, & de faire paf-
fer pour affaire d'Eftat les conteftations particulieres, & de Adreffe du S.
Amiot.
l'Eglife de S. Mederic, & de fon domeftique: Quelque
autre en diroit plus; mais il fuffit que l'on en conçoive affez, pour juger qu'à la fin de 1651. il n'eftoit pas difficile au
S. Amiot d'obtenir davantage, s'il fe fut avifé de le demander. Il y a donc fujet de s'étonner, que dans l'eftat où Il eut obtenu
eftoient les chofes, il n'ait pas obtenu de faire juger le pro- davantage, s'il
fe fut avifé de
cez en definitive, en la maniere qu'il eut fouhaité; & quoy le demander.
que cét Arreft femble bien avantageux audit fieur Amiot,
& qu'effectivement il luy accorde ce qui ne luy appartenoit
nullement, neantmoins il eft conftant qu'il pouvoit, eû
égard au temps, obtenir une provifion encore plus forte;
mais malgré toutes ces chofes, l'efprit de la Cour dans fon L'efprit de la
Arreft fe fait affez connoiftre, puis qu'elle ne laiffe pas de Cour ne laiffe
pas de paroiftre
faire *une referve expreffe fur les qualitez*, & qu'elle oblige affez.
les parties de FAIRE DILIGENCE POVR FAIRE
INCESSAMENT IVGER L'AFFAIRE AV FONDS.

Le S. du Hamel n'auroit pas manqué de fatisfaire à cet- Abfence du S.
du Hamel du-
te obligation, que fon devoir & cét Arreft luy impofoit rant dix ans.

R iij

Cotte AA.

mal-

neceffairement ; mais un éloignement neceffaire durant dix années luy en ofta le moyen , & laiffant fon Confrere , & le S. Roflin fon fucceffeur les Maiftres abfolus, Il n'eft pas aifé d'imaginer les avantages qu'ils ont tiré de cette abfence : Ils ont donc entrepris de faire paffer pour Canonial extraordinaire tout l'Office des jours folemnels , les Saluts, les Proceffions, les Convois où le Chapitre affifte , & generalement tout l'Office qui fe fait par les Chanoines , quelque Curial qu'il puiffe eftre de fa nature ; & c'eft furquoy Meffieurs les Arbitres font tres-humblement fuppliez de faire quelque attention ; & d'y apporter le remede.

Il n'eft pas diffi-cile d'imaginer les avantages que fes Col-legues ont tirez de cette abfen-ce.

Ces Arrefts portent un pre-jugé neceffaire contre les Sen-tences dont eft appel.

Au refte ces Arrefts bien loin d'authorifer les Sentences precedentes, portent un préjugé neceffaire , que la Cour en a connu l'abus , & qu'elle a feulement effayé de mettre les chofes en quelque eftat de confiftance jufques à une entiere decifion , & comme lefdites Sentences n'ont d'authorité qu'autant qu'elles font conformes aux titres , & à la poffeffion dont elles ont efté precedées , ces mefmes Arrefts ne doivent eftre confiderez , que par rapport aux titres , & à la poffeffion qui a precedé lefdites Sentences , & partant c'eft fans fondement que le S. R. pretend par eux-mefmes les faire paffer en definitive.

Ils ne doivent eftre confiderez que par rapport aux titres & à l'ufage qui a precedé les deux Sentences.

Meffieurs les Arbitres verront par la lecture defdits Arrefts , avec quel fondement on peut dire qu'ils ont prononcé en definitive, fur la qualité de premier, puifque tous deux en font une referve expreffe.

C. BB, &c.
Interruption d'Office.
Dernier Arreft de provifion.

SOus les Cottes B B. C C. D D. le fieur Roflin produit plufieurs pieces, pour prouver contre ledit Arreft de provifion intervenu entre les Chanoines & luy, que l'Office Canonial doit eftre interrompu : C'eft à dire que quand ledit fieur Roflin aura trouvé bon de dire la Meffe de Parroiffe , il pourra dire les Vefpres Canonialles, au prejudice de celuy qui aura dit les Matines & la grand' Meffe du Chœur , & choifir dans tout l'Office Canonial & Curial ce qu'il croit eftre plus folemnel, & ce contre l'ufage de l'Eglife de Paris, felon lequel l'Office ne peut eftre interrompu , & doit eftre achevé par celuy qui l'a commencé , comme aussi contre les jugemens de l'Official dudit Chapitre intervenus sur ce sujet, & mesme contre l'Arrest de la Cour.

Les procedures, & l'Arrest intervenu en suite, establissent fortement ce qui doit estre executé à cét égard ; & ledit Arrest n'est insoûtenable qu'en ce qu'il a permis au pretendu premier Chevecier de faire le Prosne en deux jours solemnels de l'année, quoy que son Collegue celebre la Messe de Parroisse, ce qui est tellement opposé au droict commun, & à l'usage de toutes les Eglises, qu'il suffit d'en faire la proposition pour le détruire.

Cét Arrest insoûtenable, en ce qu'il adjuge le Prosne en deux jours de l'année au S. Roslin.

Les Curez mesmes primitifs n'ont pas ce droit à l'égard des Vicaires perpetuels, & le Prosne n'estant autre chose, que l'instruction que le Pasteur est obligé de faire à ses Paroissiens, avec l'explication de l'Evangile, qui vient d'estre chanté publiquement ; il doit estre inseparable de la celebration de la Messe, lors qu'elle se dit par le propre Pasteur : En sorte mesme qu'en la pluspart des Eglises, il se dit au milieu de la Messe par le celebrant.

Il n'y a rien de plus paroissial dans tout l'Office, que le Prône

Quant à l'interruption de l'Office, il paroist assez que le S. Cocquelin n'a point d'autre interest de s'y opposer, que parce qu'il desire maintenir l'ordre & la bienseance en la celebration du service Divin, selon l'usage de toutes les Eglises, & en particulier de celle de Saint Mederic, puisque selon le droit qu'il a d'une entiere égalité, il pourroit pretendre d'interrompre l'Office Canonial, aussi bien que le S. Roslin.

Le S. Cocquelin n'a point d'interest que l'Office ne soit point interrompu.

Mais quant à ce qui est porté par ledit Arrest, *sans prejudice au S. Roslin de faire le Prosne, & la Predication en faisant l'Office Canonial en deux jours solemnels de l'année.* On ne peut s'estre fondé que sur les preventions qui ont donné lieu aux Sentences dont est appel, & Arrests de provision intervenus en consequence. Et comme ces preventions sont à present détruites, ce qui les suppose, le doit estre pareillement.

Messieurs les Arbitres peuvent se souvenir que l'une des raisons que l'on apporta, pour faire ordonner que celuy qui se pretend l'ancien, pourroit faire le Prosne en deux

Raison dont on se servit pour faire inserer cette clause dans l'Arrest.

C. B B. &c. jours folemnels, quoy qu'il ne dit point la Meffe de Parroiffe, fût qu'une mefme perfonne, auroit de la peine à dire
la grand' Meffe, & le Profne en mefme jour, & qu'ainfi il
eftoit plus à propos de les partager; Mais il eft à obferver
que fi c'eft quelque chofe de penible de faire le Profne
aprés avoir celebré la Meffe de Parroiffe, il doit eftre in-
comparablement plus penible de le faire auparavant que
de dire la grand' Meffe du Chœur, puifque felon le mefme
Arreft celuy qui doit dire la grand' Meffe du Chœur, qui
ne finit que vers le midy, doit avoir dit les Matines, qui
dans ces grands jours fe difent ordinairement à trois ou
quatre heures du matin.

On fuppofe donc qu'il eft penible de faire le Profne à la
fin de la Meffe de Parroiffe, & on le donne à faire à celuy
qui ayant dit les Matines, doit aprés le Profne celebrer une
grand' Meffe, qui ne doit finir qu'à midy, ce qui fans doute eft beaucoup plus penible, puifque que quand on dit le
Profne aprés la grand' Meffe de Parroiffe, ainfi qu'il s'ob-
ferve tous les jours de Dimanche dans l'Eglife de S. Mederic; on peut, fi l'on veut, prendre quelque peu de chofe
avant que de monter en Chaire; & l'on peut auffi, fi l'on
en a befoin, prendre quelque repos quand on en eft forty:
Mais s'il falloit fe referver pour dire la Meffe du Chœur, il
faudroit aller au fortir de la Chaire commencer une grand'
Meffe, & demeurer à jeun depuis les trois à quatre heures
du matin, que l'on auroit dit Matines, jufques aprés de midy, & c'eft ce qui feroit en effet tres-penible. On s'en rapporte à Monfieur Roflin, qui ayant voulu effayer à le pra-
tiquer le jour de la Pentecofte dernier, qui tomboit dans
fa femaine, fe trouva obligé de manquer à la parole qu'il
avoit donnée luy-mefme quinze jours auparavant, & ne
pût avoir *la confolation* d'entretenir fes Parroiffiens, ainfi
qu'il le leur avoit promis.

Et ce qui eft affez fingulier, c'eft que le jour de Pafques
precedent, auquel il n'eftoit point en femaine, il fallut employer des perfonnes de la premiere qualité pour l'empefcher de vouloir faire ce qu'il ne pût executer le jour de la
Pentecofte, auquel perfonne ne penfoit à l'en empefcher,

&

& neantmoins selon la signification qu'il fit faire à son
Confrere, il estoit malade à Pasques, & à la Pentecoste il
se portoit fort bien. Il est vray que sa maladie de Pasques
ne l'empescha pas de faire tout l'Office le Ieudy, le Vendredy, le Samedy Saint, le jour de Pasques, & les autres
en suite, ny mesme d'aller aux Processions ; de sorte qu'à
proprement parler, son indisposition ne l'empescha de faire que ce qu'il n'a pû executer dans sa meilleure santé ;
c'est à dire de prescher en faisant l'Office Canonial : Aussi
à vray dire la chose est tres-difficile, & partant la raison
dont on s'est servy pour ordonner cette separation du Prosne de la Messe de Parroisse, prouve qu'il ne peut, ny ne
doit en estre separé.

Mais ce qui est encore plus extraordinaire, c'est que l'Arrest porte que le service Canonial ne doit point estre interrompu, ny mélé avec le Curial. C'est là l'esprit & le fonds
de l'Arrest, c'est dequoy il s'agissoit, c'estoit le sujet de la
contestation ; c'est surquoy seulement les Advocats s'ex-
pliquerent, & c'est la question qui a esté vuidée, & neantmoins par ce mélange du Prosne avec l'Office Canonial,
on brouïlle ce qui doit estre le plus distingué, puisque n'y
ayant rien de plus Parroissial que le Prosne, on ne laisse pas
de le separer de la Messe de Parroisse pour le joindre à celle
du Chœur, & ainsi l'on ordonne à cét égard, & ce qui ne
peut, & ce qui ne doit point estre executé, selon l'esprit
mesme de l'Arrest.

Pour répondre au certificat du Curé de Sainte Opportune, le sieur Cocquelin dit, qu'il faut estre bien destitué
de bons exemples, pour pretendre regler S. Mederic, par
Sainte Opportune ; & il oppose les Reglemens mesme de
Sainte opportune, & de S. Germain de l'Auxerrois, homo-
loguez par Arrest, qui portent le contraire de ce qui est at-
testé par ledit certificat. Il produit lesdits Reglemens en
bonne forme sous la Cotte   de la production nouvelle.

SOus la Cotte E E. le sieur Roslin produit quatre pieces, pour justifier que le S. du Hamel n'a point voulu
convenir d'Arbitres, pour terminer les differens qu'il a eus
vec luy.

S

Il seroit asseurément difficile de mieux prouver la demangeaison de grossir inutilement une production, qu'en la remplissant de ces sortes de pieces, & l'on ne voit pas à quoy elles peuvent servir au sieur Roslin. Il n'est guere important à la decision des differens qu'il a presentement avec son Collegue, de sçavoir si le sieur du Hamel a voulu convenir d'Arbitres, ou non, & soit qu'il en ait voulu convenir, ou non, on ne voit pas comment M. Roslin peut conclure de là qu'il est *Superieur de son Confrere.* On peut dire neantmoins en passant, qu'il ne luy seroit pas difficile de produire d'illustres témoins du contraire, & qu'il est de notorieté publique que Messieurs du Hamel & Roslin ayant choisi pour Arbitre un des premiers Magistrats du Royaume ; qui malgré ses emplois, & ses occupations, avoit bien voulu, par pure bonté, donner une partie considerable de son temps, pour terminer leurs differens : Lors que l'affaire fut preste à juger, le sieur Roslin declara que SON CONSEIL ne trouvoit pas à propos qu'il mit son droit en compromis ; mais c'est dequoy il ne s'agit pas à present, il suffit de dire que le S. Cocquelin n'a rien oublié de ce qu'il pouvoit faire pour engager son Confrere à entrer dans l'arbitrage, dans lequel ils sont presentement, & dont M. Roslin s'attribuë toute la gloire par des imprimez qu'il distribuë luy-mesme dans le public. Son Confrere peut pretendre quelque part à cette gloire, sans luy faire tort, & l'évenement justifiera lequel des deux est le plus disposé à s'y soûmettre entierement.

SOus les Cottes FF. GG. HH. le S. Roslin produit les procedures respectives faites pour l'instruction du present arbitrage, dont le sieur Cocquelin supplie tres-humblement Messieurs les Arbitres de vouloir prendre la lecture.

SOus la Cotte II. le sieur Roslin produit trois pieces, pour prouver *que son Collegue est mal fondé dans la pretention qu'il a d'estre Superieur de la Maison de Sainte Avoye, conjointement avec ledit sieur Roslin.*

La premiere est un Extrait de trois titres des années 1283. 1290. & 1293. par lesquels il paroist que M. Iean Sequence

Chevecier de S. Mederic , a acquis ladite Maison de Sainte *Cotte II.*
Avoye.

La feconde prouve que Maiftre Henry de Giem en l'an
1303. eft qualifié Maiftre ou Provifeur de ladite Maifon.

La troifiéme eft , un acte de l'an 1308. qui donne la mefme qualité audit Henry de Giem.

Le fieur Roflin n'eft pas plus heureux dans les dernieres
pieces de fa production , que dans toutes celles qui les precedent , & comme on en a tiré jufques icy des inductions
plus fortes , pour appuyer le droit de fa partie , que celles
qu'il a tirées pour colorer fes pretenfions ; il acheve par les
derniers actes de les détruire entierement : Car s'il eft vray
qu'en 93. M. Iean Sequence fut feul Chevecier , & qu'en
cette qualité il ait efté Provifeur de la Maifon de Sainte
Avoye , ceux qui ont fuccedé à fon titre par la divifion de
fon Benefice en deux portions , doivent neceffairement
avoir fuccedé à ladite qualité , à moins que l'on ne fift paroiftre une referve expreffe en faveur de l'un des deux : mais
de peur que l'on ne pûft fe le perfuader , le S. Roflin a eû
foin de prouver luy-mefme le contraire , par les titres dans
lefquels Henry de Giem porte ladite qualité , puifque dans
l'acte de l'an 1300. ledit Henry de Giem n'eftant nommé
qu'en fecond , avec Reginaldus de Nigella , Il s'enfuit que
celuy qui n'auroit efté que fecond de fondation , fi tant eft
qu'il y en euft eû un , auroit fuccedé feul à ladite qualité de
Provifeur , & Superieur de Sainte Avoye , & qu'ainfi le S.
Roflin par fon propre aveu, ne devroit y avoir aucune part.

Mais la veritable induction qu'il faut tirer defdites pieces , eft qu'il y avoit une parfaite égalité entre lefdits Cheveciers , dans les premiers temps de leur établiffement ,
puifque Henry de Giem , qui n'eft nommé que le fecond
en 1300. eft neantmoins qualifié Provifeur & Superieur de
cette Maifon , ainfi que Iean Sequence eftoit appellé fept
ans auparavant ; & ledit Henry de Giem fe trouvant nommé le fecond avec Reginaldus de Nigella , & le premier
avec Iean de Garcielò , ces actes feuls fuffiroient pour
prouver invinciblement l'égalité parfaite de ces premiers
temps ; & pour détruire fans refource les pretentions du

*Le S. R. prou-
ve manifefte-
ment , ou qu'il
n'eft que fe-
cond , s'il y
avoit un fe-
cond , on qu'il
ne doit rien
pretendre à la
fuperiorité de
Sainte Avoye,
ou que du
moins elle ap-
partient égale-
ment aux deux
Cheveciers-
Curez de S.
Mederic.*

Cotte II. S. Roslin, puis qu'il avouë que le partage de la Chevecerie doit avoir esté fait en ladite année 1300.

Preuves que la superiorité de la Maison de S. Avoye appartient au S. Cocquelin. Mais le S. Cocquelin prouve que la Superiorité de la Maison de Sainte Avoye luy appartient, & qu'elle a toûjours également appartenu aux deux Cheveciers: *Primò*, par le titre de la fondation d'une Chapelle dans ladite Eglise, produit sous la Cotte G de la production du S. du Hamel piece 4. *Secundò*, par les Registres de ladite Maison, qui prouvent la possession immemoriale, & non contestée de faire les fonctions de Superieur alternativement par lesdits Cheveciers, ainsi qu'il est justifié par le certificat des Dames Religieuses dudit Monastere: *Tertiò*, par le concordat qui a esté fait entre les sieurs Houïssier & Phanuël, & les Dames Vrsulines, lors qu'elles entrerent dans ladite Maison.

Cotte LL. Sous la Cotte LL. le sieur Roslin produit le témoignage de Frere Iacques du Breuïl.

On répond, qu'il eust esté malaisé de mieux couronner un amas de tant de pieces inutiles.

Cotte MM. Sous la Cotte MM. ledit sieur Roslin produit son inventaire de 186. roolles d'écriture de compte.

Le sieur Cocquelin reçoit ledit inventaire aux inductions par luy tirées dans la presente discussion, & demande acte des pieces y énoncées par ledit sieur Roslin, pour s'en servir, ainsi qu'il avisera bon estre.

Et afin qu'il ne reste aucun lieu de douter de la justice de ses pretentions, il a crû devoir confirmer icy, ce qu'il a avancé dans cette discussion, touchant la succession des Cheveciers dans chaque portion, & les avantages que ses predecesseurs ont eû sur ceux du sieur Roslin durant prés de trois siecles; & pour le confirmer, il a dressé sur l'Extraict des Synodes du Chapitre de Paris une table Chronologique, qui marque la succession des Cheveciers de Saint Mederic dans chaque portion.

Fol. 16. Il est certain par la production mesme du sieur Roslin, comme par plusieurs actes & titres de celles du S. du Hamel, & du S. Cocquelin: *Primò*, que jusques en 1219. les sept Chanoines de Saint Mederic faisoient les fonctions Curiales chacun dans leur semaine.

Secundò, Qu'en ladite année 1219. la Cure & le ſoin des *Cotte MM.*
Ibid.
ames fut attaché à l'une des ſept Prebendes, & que les autres ſix Chanoines en furent déchargés par un Statut produit par les deux parties, & dont elles conviennent.

Tertiò, Que depuis ladite année 1219. juſqu'en 1300. il *Fol. 17.*
n'y a eû qu'un Curé-Chevecier ; c'eſt ce que Monſieur
Roſlin eſt obligé d'avouër en pluſieurs endroits de ſon inventaire, & principalement dans l'induction de la Cotte B.

Quartò, Qu'il eſt difficile d'eſtablir la ſucceſſion des Cheveciers-Curés dans chaque portion, depuis l'année 1300.
juſqu'en 1416. dautant qu'il y a quelques regiſtres de l'E-
gliſe de Paris qui ne ſe trouvent pas, & que l'on n'a commencé qu'en 1416. d'en tenir de particuliers pour les Synodes ; il eſt neantmoins conſtant par la production de
Monſieur Rolin meſme. *Primò*, Qu'il a choiſi Henry de
Giem pour ſon predeceſſeur. *Secundò*, Que cét Henry de *Fol. 185.*
Giem n'eſt nommé qu'apres Reginaldus de Nigella
dans un acte Capitulaire de ſaint Mederic, reconnu pour
authentique par le ſieur Rolin, & ces deux ſont les premiers eſtablis pour Cheveciers-Curés apres la diviſion de
la Chevecerie-Cure en deux portions, ſelon que Mr
Rolin eſt obligé d'en convenir: Et puis qu'il ſouſtient qu'il
n'y a eû qu'un Chevecier juſqu'en 1300. & que l'acte qu'il
reconnoiſt pour authentique, & dans lequel ils ſont tous
deux nommés eſt de ladite année, il s'enſuit neceſſairement, s'il y a premier & ſecond de fondation, que ledit
ſieur Rolin n'eſt ſucceſſeur que du ſecond, *Tertiò*, dans
tous les actes paſſés, durant ce temps les deux Cheveciers-
Curés ſont traités avec la derniere égalité, & comme on
ne peut diſcerner la ſucceſſion dans chaque portion, il eſt
fort difficile de deviner ceux que Monſieur Rolin voudroit
prendre pour luy ; il eſt vray qu'il a pris Chalop, mais puis
que ſelon luy-meſme Chalop eſt predeceſſeur de Simon de
Bourich & de Iacques Branlard, & que le ſieur Rolin n'eſt
point leur ſucceſſeur, il ne le peut eſtre de Chalop, ſur le
teſtament duquel il fonde ſa primauté imaginaire.

C'eſt pourquoy il s'eſt trompé dans cette ſucceſſion qu'il
a voulu eſtablir au deſſus de 1416. comme il s'eſt trompé

dans celle qui a ſuivy ; d'un coſté il a pris pour luy Chalop, & de l'autre il prend Firmin de Molanis predeceſſeur de Raoul de Bon-ſens : & par les actes qu'il produit luy-meſme ſous la Cotte B. il eſt certain que Raoul de Bon-ſens a eſté Collegue & Contemporain de Chalop.

Le ſieur Rôlin a voulu s'attribuer auſſi leſdits de Bourich & Branlard ; parce qu'il a trouvé qu'ils ont eû la preſeance ſur leurs Collegues, mais le ſieur Cocquelin ſouſtient que de Bourich eſt predeceſſeur de Branlard, & qu'il a eû la preſeance ſur Pierre Balety ſon Collegue, ainſi qu'il eſt veritable & prouvé par la proviſion dudit Branlard, par les actes que l'on produit & par l'aveu meſme du ſieur Rôlin ; & il reſte à prouver que le ſieur Cocquelin eſt ſucceſſeur dudit Branlard, & que le ſieur Rôlin eſt ſucceſſeur de Mauregard nommé ſous-Chevecier de ſaint Mederic par Meſſieurs de Noſtre-Dame ; & ainſi il demeurera conſtant que par conſequent le S. Cocquelin eſt ſucceſſeur de ceux qui ont eû la preſeance ſur les predeceſſeurs du ſieur Rôlin, & cela avec tant d'avantage qu'il n'a pû trouver d'autre expedient, que de les prendre pour ſoy, & de donner les ſiens à ſon confrere. Cette preuve eſtant jointe au raiſonnement meſme du ſieur Rôlin & de ſes Advocats, qui ſont obligés d'avoüer que les derniers Titulaires ne peuvent pretendre d'autre droits que ceux dont leurs predeceſſeurs ont jouy ; il s'enſuit neceſſairement que le ſieur Rôlin ne peut pretendre aucun advantage ſur ſon confrere, & qu'au contraire ſon confrere pourroit pretendre la primauté ſur luy, ſi pour le bien de la paix il n'avoit voulu reſtreindre ſes demandes à ce que le droit ordonne, entre deux Chanoines-Curés Titulaires d'un ſeul & meſme Benefice.

Pour ne laiſſer donc aucun lieu de douter de cette ſucceſſion, le ſieur Cocquelin a produit. *Primò*, Les proviſions de tous les predeceſſeurs du ſieur Roſlin, en remonſtant depuis luy juſques à Denis de Mauregard le ſous-Chevecier. *Secundò*, Celles de tous les ſiens juſques à Branlard, à la reſerve d'un ou deux, ſur leſquels il n'y a pas de difficulté. *Tertiò*, L'extrait de tous les Synodes de

Paris en bonne forme, depuis ladite année 1416.
Sur cét extrait il a dressé la Table Chronologique qui
suit & il est facile d'en conclure la succession dans chaque
portion.

En 1416.

Iacques Branlard, & Denis de Mauregard estoient
Cheveciers-Curés de l'Eglise de S. Mederic.

Dans une portion.   *Dans l'autre portion.*

Iacques Branlard a esté Chevecier jusqu'en 1438.
Iean Riviere successeur de Branlard jusqu'en 1450.
Iean de Lolive successeur de Riviere jusqu'en 1470.
Charles le Sac successeur de Oliva jusqu'en 1495.
Baudoüin David successeur de le Sac jusqu'en 1498.
Guillaume Cornet successeur de David jusqu'en 1521.
Iean Mondinot successeur de Cornet jusqu'en 1546.
Iudés Gontier successeur de Mondinot jusqu'en 1562.
Pierre Fournier successeur de Gontier jusqu'en 1563.
Louys d'Alençon successeur de Fournier jusqu'en 1572.
Gervais le Poultier successeur d'Alençon jusqu'en 1590.

Denis de Mauregard a esté Cheveciers, ou comme Messieurs de Nostre-Dame & Monsieur Roslin le qualifient sous-Chevecier jusqu'en 1425.
Iean Beaupere successeur de Mauregard jusqu'en 1459.
Iean Travely successeur de Beaupere jusqu'en 1461.
Guy Bourdelot successeur de Travely jusqu'en 1474.
Henry Tiboust successeur de Bourdelot jusqu'en 1481.
Vast Sanson successeur de Tiboust jusqu'en 1502.
Iean de saint Lomer successeur de Sanson jusqu'en 1506.
Philippes Messier successeur de saint Lomer jusqu'en 1536.
Germain Cornu successeur

Cotte M M. Claudes de Morainnes fuccefleur de le Poultier juf-
qu'en . . . . . . 1597.
Iean Phanuël fuccefleur de
de Morainnes jufqu'en
1616.

de Meſſier juſqu'en 1537.
Jean Dudrac fuccefleur de
Cornu jufqu'en 1542.
Le meſme Germain Cornu
fuccefleur de Dudrac juf-
qu'en 1552
Iacques Raincy fuccefleur
de Cornu jufqu'en 1569.
Nicolas Bude fuccefleur de
Raincy jufqu'en 1570.
Pierre Guiche fuccefleur de
Bude jufqu'en 1593.
Nicolas Guiche fuccefleur
de Pierre jufqu'en 1600.
Iean Filfac fuccefleur de
Nicolas Guiche jufqu'en
1606.

HOVISSIER

Succeda à Filſac, & reünit les deux portions en 1616.
il eſt demeuré ſeul Chevecier-Curé juſqu'en 1630.

Monſieur de Hillerin fuc-
cefleur de Phanuël, par le
ſieur Houiſſier juſqu'en
1645.
Monſieur du Hamel fuc-
cefleur de Hillerin juf-
qu'en 1666.
Le ſieur Cocquelin fuccef-
ſeur de Monſieur du Ha-
mel, depuis le 15. Septembre 1666.

Monſieur Barré fuccefleur
de Filſac par ledit Houiſſier eſt demeuré juſqu'en
1552.
Le ſieur Edme Amiot fuc-
cefleur de Monſieur Barré
jufqu'en 1663.
Le ſieur Roſlin fuccefleur
d'Amiot, depuis 1663.
jufqu'à prefent.

Il eſt certain par les dattes, qu'il eſt impoſſible de ſe
tromper dans l'ordre de la ſucceſſion deſdits Cheveciers-
Curés, & que par conſequent,

Iacques

Iacques Branlard a eû pour Collegues Mauregard & *Cotte* M M. Beaupere.

Iean Riviere fuccefleur de Branlard a eû le mefme Beaupere pour Collegue.

Iean de Lolive fuccefleur de Riviere a auffi eû ledit Beaupere, Iean Travely, & Guy Bourdelot pour fes Collegues.

Charles Sac fuccefleur de Lolive a eû le mefme Bourdelot, Henry Tibouft, & Vaft Sanfon.

Baudoüin David fuccefleur de Charles Sac a eû le mefme Sanfon pour Collegue.

Guillaume Cornet fuccefleur de Baudoüin David a eu ledit Sanfon, Iean de faint Lomer, & Philippes Meffier.

Iean Mondinot fuccefleur de Cornet, a eû apres ledit Meffier, Germain Cornu, Iean Dudrac, & le mefme Germain Cornu.

Iudes Gontier fuccefleur de Mondinot, a eû ledit Cornu, & Iacques Raincy.

Pierre Fournier fuccefleur de Gontier, a eû le mefme Raincy.

Louys d'Alençon fuccefleur de Fournier, a eû le mefme Raincy, Nicolas Bude, & Pierre Guiche.

Gervais le Poultier fuccefleur d'Alençon, a eû le mefme Guiche,

Claude de Morainnes fuccefleur de le Poultier, a eû ledit Pierre, & Nicolas Guiche pour fes Collegues.

Et Iean Phanuël fuccefleur de Morainnes, a eû ledit Nicolas Guiche, Iean Filfac, & Guy Houiffier, auquel il remit fa portion.

Monfieur de Hillerin fuccefleur de Phanuël par Houiffier, eût Monfieur Barré pour Collegue.

Monfieur du Hamel fuccefleur de Monfieur Hillerin, a eû ledit fieur Barré, Edme Amiot, & le fieur Roflin pour Collegues.

Le fieur Cocquelin fuccefleur de Monfieur du Hamel, a pour fon Collegue Monfieur Roflin.

T

Cotte M M. L'original de l'extrait des Synodes eſt produit au procés; d'où on peut conclure avec certitude, non ſeulement l'ordre & la ſucceſſion des Cheveciers-Curés de ſaint Mederic, mais encore que les predeceſſeurs du ſieur Cocquelin ont eû la preſeance ſur leurs Collegues predeceſſeurs du ſieur Roſlin; principalement Branlard ſur Mauregard ſon ancien de reception, qualifié ſous-Chevecier par Meſſieurs de Noſtre-Dame, & ſur Iean Beaupere ſucceſſeur de Mauregard durant quinze ans : Iean de Oliva ſur Iean Beaupere, quoy que Iean Beaupere fut l'ancien de reception de pres de trente ans, comme auſſi ſur Iean Travely, & Guy Bourdelot ſucceſſeur de Beaupere durant quinze ans; Charles Sac ſur Henry Tibouſt durant ſept ans, & Guillaume Corret ſur Iean de ſaint Lomer, & ſur Philippes Méſſier durant dix-huit ans.

Et puis que cette preſeance des predeceſſeurs du ſieur Cocquelin ſur ceux de ſon confrere ſe trouve authoriſée par les ſuperieurs de l'Egliſe de ſaint Mederic, dans les Synodes des Chapitres de Paris, & fondée ſur des preuves tirées des actes que le ſieur Roſlin admet & produit luy-meſme, comment peut-il avancer, comme il fait au feuil-

Fol. 20. let 20. de ſon inventaire qu'*il y a toûjours eû entre leſdits premier & ſecond Chevecier une ſubordination & dependance proportionnée à ce genre de diviſion faite par la ſeule volonté du premier Chevecier, qui a choiſi un* SECOND *& un* COAD-JUTEUR ? comment peut-on dire, comme il ſe dit au

Fol. 41. feuillet 41. *que juſqu'en* 1578. *les predeceſſeurs du ſieur Roſlin ont conſervé leur* PRIMAUTE', *& que ceux du ſieur Cocquelin ſont demeurés dans les bornes de leur* DEPENDANCE ? comment peut-il adjouſter *que ceux-là comme* PREMIERS ET PLUS ANCIENS DE FONDATION *ont toûjours joüy de la* PRE'EMINENCE *deuë à leur place, & que ceux-cy n'ont eſté que* SECONDS *Cheveciers, que* SECONDS ET PETITS CURE's, *que ſucceſſeurs d'un* COADJUTEUR ? comment peut-il dire *que Branlard eſt ſon predeceſſeur, & que Mauregard eſt celuy de ſon confrere?* comment oſe-il avancer *que la pretenduë égalité des deux portions eſt une* CHIMERE *que ſon confrere a formée dans*

son imagination, & dont il se flatte vainement? Enfin comment peut-il dire *que le sieur Cocquelin veut secouër le joug*
de la DEPENDANCE *& de la* SUBORDINATION;
puis qu'ayant droit de pretendre à la primauté que le
sieur Roslin affecte, il se contente d'une égalité conforme à toutes les regles Canoniques, pour tirer l'Eglise de
saint Mederic de tous les desordres où le desir de cette
vaine primauté affectée par le sieur Roslin, continuë de
la precipiter.

Mais parce qu'entre les griefs dont le sieur Cocquelin a
sujet de former sa plainte, & dont sa conscience le presse
plus indispensablement de demander justice; un des plus
considerables est celuy qui regarde les assemblées, tant
des Ecclesiastiques que des confreres du saint Sacrement,
& des Dames de la charité, qui sont establies dans ladite
Parroisse pour le soulagement des pauvres honteux; lesquelles le sieur Roslin pretend tenir dans ses semaines, &
empescher ledit sieur Cocquelin de les tenir dans les sien-
nes, ainsi qu'il avoit toûjours esté observé; le sieur Cocquelin se croit obligé de finir la presente discussion par la
tres-humble priere qu'il fait à Messieurs les Arbitres, & à
ceux qui la verront de faire une attention particuliere sur
cette pretension du sieur Roslin qui combat également
toute sorte d'équité aussi bien que les Statuts, Ordres &
Reglemens desdites compagnies.

Assemblées des Ecclesiastiques, de Mes-
sieurs les con-
freres du saint
Sacrement, &
des Dames de
la charité.

Pour faire connoistre le fonds dudit different, le sieur
Cocquelin croit qu'il seroit inutile de s'appliquer à prouver
la necessité, dans laquelle il est de veiller sur les Ecclesiastiques, & d'avoir soin des pauvres de la Parroisse, dont la
Providence luy a confié la conduite; tout le monde con-
noist assez que l'un & l'autre de ces soins sont indispensablement attachez au ministere & à l'employ de Pasteur,
mais il croit qu'il suffit de montrer par des preuves manifestes, avec combien d'injustice le sieur Roslin veut s'opposer au dessein que le sieur Cocquelin a de remplir les devoirs, & les fonctions de son ministere à cét égard.

Premierement quant à ce qui regarde l'assemblée des
Ecclesiastiques, l'adveu que fait le sieur Roslin dans la Re-

quefte qu'il a prefentée à Meffieurs les Arbitres le dernier Decembre 1666. en demeurant d'accord, *Qu'il appartient au fieur Cocquelin d'habituer & deshabituer conjointement avec luy les Preftres de ladite Eglife , & qu'il a toûjours efté ordonné & pratiqué que ce qui regarde la conduite de la Parroiffe en general appartient aufdits fieurs Cheveciers-Curez conjointement, & rien à l'un independemment de l'autre :* L'ordre qui s'obfer-ve encore actuellement de les admettre conjointement pour y porter le Surplis , & pour y entendre les Confef-fions, aufquelles ils ne font admis par ceux que Monfei-gneur l'Archevefque de Paris prepofe pour les examiner, que fur l'atteftation de vie & mœurs donnée par tous les deux Curez , & à la charge d'obtenir leur confentement ; & toutes les preuves qui refultent de tous les actes , tiltres & pieces cy-deffus enoncées, prouvent que le fieur Coc-quelin a droit de faire toutes les fonctions dépendantes de la Chevecerie Cure de S. Mederic, & prouvent auffi par une fuitte neceffaire qu'il a droit de les affembler pour leur donner les advis & enfeignemens dans les occafions , & pour les inftruire dans l'exercice & fonctions de leurs em-ploys ; & l'on ne voit que trop de quelle confequence il eft pour une Parroiffe telle qu'eft celle de S. Mederic , de ne pas negliger cette obligation qu'ont les Curez de s'ap-pliquer à former les Ecclefiaftiques qui défervent leurs Eglifes dans toutes les connoiffances dont ils ont befoin pour s'acquiter de leurs fonctions à l'edification des peu-ples : Il faut donc de toute neceffité, ou dépoüiller le fieur Cocquelin du caractere de Pafteur & de Curé de cette Eglife , ce qui ne fe peut ; ou il faut qu'il foit maintenu & gardé dans le pouvoir qu'ont eû fes predeceffeurs , & dont ils ont toûjours efté en poffeffion, & qui luy appartient de droict, d'affembler dans fes Semaines, toutes & quantes fois qu'il le jugera à propos, tous les Ecclefiaftiques de ladite Eglife pour leur donner les inftructions neceffaires.

Mais pour bien comprendre ce qui regarde le different meû entre le fieur Cocquelin & ledit fieur Roflin pour rai-fon des affemblées de Meffieurs du Saint Sacrement & des Dames de la Charité, il eft neceffaire de dire un mot de leur établiffement.

Ces Compagnies ont efté établies dans la Parroiffe de S. Mederic pour le foulagement des pauvres, fous l'authorité & permiffion de Monfeigneur l'Archevefque de Paris ; l'acte de permiffion dudit Seigneur Archevefque commence par ces mots, *Iean François de Gondy, &c. Il nous a efté humblement exposé de la part* DES CUREZ, *Preftres & Parroiffiens de l'Eglife Parroiffiale de S. Mederic de Paris, &c.* Il eft en date du 13. May 1644.

Cotte M M.
Eftabliffement des Compagnies de Meffieurs du S. Sacrement & des Dames de la Charité.

Ces Compagnies faintement établies ont eü jufques dans les dernieres années tout le fuccés que l'on pouvoit s'en promettre ; les affemblées qui fe faifoient toutes les Semaines eftoient tres-nombreufes ; on y faifoit des exhortations pour les pauvres, dont on voyoit des effets tres-avantageux pour le bien de la Parroiffe ; & il feroit difficile d'expliquer combien de familles dans tous les temps, & principalement durant les troubles, ont efté affiftées & foûtenuës fur le penchant d'une ruïne inévitable ; combien de pauvres malades ont efté foulagez ; combien de filles abandonnées, & preftes à s'abandonner, ont efté ou prefervées ou fauvées du naufrage ; combien de perfonnes qui vivent à prefent en gens d'honneur, ont efté fecouruës dans des neceffitez preffantes, foit de procez, foit d'affaires extraordinaires, par les affiftances qu'elles tiroient de ces Affemblées, qui ont envoyé mefme des fommes tres-confiderables dans les Provinces durant les plus grandes miferes.

Vtilité de ces Affemblées.

Ces fortes d'Affemblées fi utiles au public & à la Parroiffe de S. Mederic, fe tenoient toutes les femaines, ainfi qu'il eft conftant par tous les Regiftres que l'on produit, & le fieur Roflin ne peut difconvenir que Monfieur du Hamel ne les ait tenuës tout feul durant un tres-long-temps, du vivant de Meffieurs Barré & Amiot fes Confreres & predeceffeurs du fieur Roflin.

Elles fe tenoient toutes les femaines.

Il eft mefme certain que fes predeceffeurs n'ont jamais pretendu aucune preseance dans lefdites Affemblées ; & l'on pourroit bien prouver que le fieur du Hamel les y a fouvent precedez, & ce parce qu'il en prenoit un foin particulier ; & que chacun des deux Curez doit prefider dans

Les predeceffeurs du fieur Roflin n'y ont jamais pretendu la préfeance.

T iij

Cotté M.M. ſa ſemaine à toutes les fonctions Paſtorales.

Mais pour mieux concevoir la juſtice de cette deman-de, il faut faire attention ſur deux articles du livret des Statuts deſdites Compagnies, *imprimé à Paris par Robert Sara, ruë de la Harpe au bras d'Hercule 1648.*

Le premier deſdits deux articles qu'il faut remarquer, & qui ſe trouve le ſecond dans l'ordre du petit livre, eſt conceu en ces termes; MESSIEURS LES CUREZ *ſe-ront toûjours* LES SUPERIEURS *de ladite Compagnie.* Le ſecond article, qui eſt le neufiéme dans ledit livre, eſt ainſi conceu; *Le lieu de l'Aſſemblée pour les hommes en particulier ſera d'ordinaire dans une Chapelle de l'Egliſe, ou dans la Sale de Meſſieurs les Curez, & ce le Samedy* DE CHACUNE SE-MAINE *apres les Veſpres.*

Les deux Cu-rez ſont Supe-rieurs. Par ces deux Statuts, il paroiſt premierement que LES CUREZ de S. Mederic SONT SUPERIEURS deſdites Compagnies, & par conſequent l'on n'a pû rien y chan-ger, ny innover ſans leur conſentement; bien moins a-t'on pû rien faire à l'avantage de l'un au prejudice & contre les intereſts & la volonté de l'autre. 2°. Il paroiſt que les Aſ-ſemblées ſe faiſoient *dans chaque ſemaine,* & qu'ainſi cha-cun de Meſſieurs les Curez les tenoit & y preſidoit à ſon tour, ou avoit droit de le faire; ce qui ſe prouve inconte-ſtablement par les anciens Regiſtres; par leſquels il eſt conſtant que leſdites Aſſemblées ſe ſont toûjours tenuës *de ſemaine en ſemaine* depuis leur établiſſement juſques au premier Avril 1660.

Le ſieur Amiot rompt ces Aſ-ſemblées dans l'abſence du ſieur du Ha-mel. Mais le meſme Genie, qui avoit commencé de troubler l'harmonie & de renverſer l'ordre qui avoit produit des effets ſi avantageux pour les pauvres de cette Parroiſſe, acheva de les ruïner, lors que le ſieur Amiot, oncle & pre-deceſſeur du ſieur Roſlin, voulant profiter en toute ma-niere de l'éloignement du ſieur du Hamel, apres avoir in-terrompu leſdites Aſſemblées durant pluſieurs années, il Il les rétablit en 1660.durant la meſme ab-ſence,& les cõ-tinuë la ſemai-ne ſuivante. s'adviſa de les reſtablir le 25. Mars 1660. Il les continua dans la ſemaine ſuivante le premier Avril de la meſme an-née; & dans l'Aſſemblée de ce jour propoſa qu'il eſtoit neceſſaire d'arreſter le jour auquel on tiendroit l'Aſſem-

blée, l'heure d'icelle, & *si ce seroit tous les huit jours* AINSI
QUE L'ON AVOIT ACCOUSTUME'; ce sont ses
propres termes, *ou tous les quinze jours seulement.*

Cette proposition faite dans une Assemblée, dans laquelle ledit sieur Amiot avoit pris ses mesures depuis plusieurs années pour se rendre le maistre, passa à sa volonté,
& il fut dit, *sans que l'on apporte aucune raison* de ce changement, que l'Assemblée *tiendroit tous les quinze jours.*

Mais il est constant, que puisque les Curez sont Superieurs, cette deliberation prise contre les interests du sieur
du Hamel, pour lors éloigné, sans qu'il en ait esté adverty, prise aussi contre les Statuts formels de ladite Assemblée, & procurée par son Confrere qui estoit sa partie, &
qui en fit luy-mesme la proposition, ainsi qu'il se voit par
le Registre; ne peut porter aucun prejudice au sieur du
Hamel ny au sieur Cocquelin son successeur, Superieur de
ladite Compagnie.

Pour autoriser cette pretenduë usurpation, le sieur
Amiot fit reimprimer les Statuts l'année suivante 1661.
par Estienne Pepingué, ruë de la Harpe, dans lesquels de
son authorité privée, & sans le consentement de son Confrere, il fit changer l'article qui regarde la tenuë desdites
Assemblées, & il le fit coucher en ces termes; *Le lieu de
l'Assemblée pour les hommes en particulier, sera d'ordinaire dans
une Chapelle de l'Eglise, ou dans la Sale de Messieurs les Curez,*
ET CE TOUS LES QUINZE JOURS; *tous les Jeudys à trois heures.*

Mais parce que Dieu ne permet pas que ceux qui veulent innover au prejudice des autres prennent toutes les
mesures qui seroient necessaires pour reüssir dans leurs
desseins, & qu'au contraire il arrive ordinairement qu'ils
demeurent par eux-mesmes convaincus des nouveautez
qu'ils s'efforcent d'introduire, l'Autheur de cette entreprise laissa dans ces mesmes Statuts l'article qui porte que
MESSIEURS LES CUREZ SONT SUPERIEURS
DE LADITE COMPAGNIE, lequel estant joint à
celuy qui regle la tenuë des Assemblées DANS CHAQUE
SEMAINE, ainsi qu'il est expressément porté par les pre

Co:te M·M. miers Statuts dont tous les Exemplaires n'eſtoient pas ſupprimez, détruit ſans reſource une entrepriſe ſi injuſte.

Le fieur du Hamel convient de les faire alternativement de quinzaine en quinzaine.

Le ſieur du Hamel eſtant de retour de ſon éloignement, & cherchant tous les expediens de vivre en paix avec le ſieur Roſlin, conſentit verbalement de faire tour à tour avec luy tous les quinze jours leſdites Aſſemblées ; & il ne prévit pas, que quoy qu'il les tint tour à tour, les tenant neantmoins toûjours dans les femaines du ſieur Roſlin, ledit ſieur Roſlin pourroit quand il voudroit luy couper la parole, le traiter de Subalterne & de Vicaire, & autoriſer par cette entrepriſe l'injuſtice de ſes autres pretentions.

Le ſieur Rôlin prend advantage de cette conduite du ſieur du Hamel.

Il eſt vray qu'il eſtoit difficile de ſe perſuader que le ſieur Roſlin fut capable d'en uſer de la forte avec le ſieur du Hamel, pour lequel il pouvoit ſans doute avoir quelque reſpect ; la choſe arriva neantmoins ainſi que le ſieur du Hamel la devoit prevoir ; & un jour qu'il deſcendoit, reveſtu de Surplis, de la Chambre qu'il occupoit dans le logis où il demeuroit avec ledit ſieur Roſlin, & qu'il alloit pour tenir l'Aſſemblée, le ſieur Roſlin l'attendit ſur le degré, pour luy dire qu'il vouloit la tenir ce jour-là ; & le ſieur du Hamel, pour empeſcher tout ſcandale, ſe retira, & ne voulant point hazarder de recevoir un pareil traitement dans la ſuitte, il s'abſtint depuis de faire leſdites Aſſemblées.

Le ſieur Cocquelin ſe met en devoir de rétablir les Aſſemblées dans les Semaines.

Le ſieur Cocquelin informé de cette entrepriſe, & connoiſſant l'obligation indiſpenſable dans laquelle il eſt, de conſerver les droits de ſon Benefice, & de procurer aux pauvres de la Parroiſſe, dont il eſt chargé, tout le ſoulagement qu'ils peuvent recevoir deſdites Aſſemblées, declara audit ſieur Roſlin qu'il eſtoit dans la reſolution de les tenir dans ſes femaines, conformément aux premiers Statuts, & le pria inſtamment de ſe faire juſtice auſſi bien qu'aux pauvres, dont les beſoins preſſans les engageoient de les ſecourir par tous les moyens dont Dieu les a fait depoſitaires.

Le ſieur Roſlin s'y oppoſe.

Mais le ſieur Rôlin qui fait ceder toutes choſes au deſſein qu'il a de faire reüſſir ſes pretenſions par toutes ſortes de moyens, ne manqua pas d'offrir au ſieur Cocquelin de faire les Aſſemblées, ainſi que le ſieur du Hamel les avoit faites

tes

tes apres ſon retour, c'eſt à dire dans les ſemaines du ſieur Rôlin alternativement tous les quinze jours, avec promeſſe qu'il luy fit, & qu'il s'offrit de reïterer en preſence de qui le ſieur Cocquelin voudroit, qu'il n'y aſſiſteroit pas; ſurquoy l'on peut faire deux petites remarques. La premiere, Que par cette promeſſe le ſieur Rôlin a ſuffiſamment reconnu qu'il n'a aucun droict d'aſſiſter auſdites Aſſemblées, quand elles ſeront renuës par le ſieur Cocquelin. La ſeconde eſt, Qu'il veut que le ſieur Cocquelin les faſſe dans ſes ſemaines, afin d'avoir occaſion d'en uſer à ſon égard, ainſi qu'il a fait à l'égard du ſieur du Hamel, & d'affecter par ce moyen une eſpece de ſuperiorité qu'il s'efforce d'uſurper. Et ſur le peu de fondement de cette pretenſion du ſieur Rôlin, Meſſieurs les Arbitres, & ceux qui verront cét Eſcrit, ſont tres-humblement ſuppliez de faire attention particuliere pour toutes les autres qu'il expoſe dans ſes Requeſtes, & d'ordonner à cét égard ce qu'ils jugeront eſtre de raiſon, ainſi qu'à l'égard de tout le reſte des differents & conteſtations dont il s'agit entre leſdits Cheveciers-Curez de l'Egliſe de S. Mederic.

Cotte M M.
Il luy propoſe de les tenir cõme le ſieur du Hamel avoit fait depuis ſon retour.
Il offre de n'y pas venir.

Apres cette exacte diſcuſſion de tous les actes, & de toutes les pieces que le ſieur Rôlin a trouvé bon de produire, on croit qu'il n'y a perſonne de bon ſens qui ne voye clairement l'injuſtice de ſes pretenſions par ſa propre production, & en meſme temps la juſtice de celles de ſon Confrere. On eſt perſuadé, que pour peu que l'on ait de raiſon, il eſt impoſſible de ne pas voir;

Concluſion de la preſente diſcuſſion.

1°. Que la diviſion de la Chevecerie-Cure de S. Mederic ne peut avoir eſté faite que par Meſſieurs du Chapitre de Noſtre-Dame, en vertu du pouvoir qu'ils en avoient du Pape.

2°. Qu'elle a eſté faite Canoniquement & durant la vacance, ſelon que les Superieurs le declarent eux-meſmes.

3° Que depuis l'an 1300. avant lequel temps la diviſion de la Chevecerie-Cure de S. Mederic doit avoir eſté faite, les deux Cheveciers-Curez également ſucceſſeurs de celuy qui avoit eſté étably ſeul Curé, ſous le titre de *Canonicus Plebanus* en 1219. ont veſcu dans une parfaite égalité

Eſtat de l'affaire de S. Mederic, qui reſulte neceſſairement de toutes les pieces du ſieur Roſlin.

V

Cotte MM. jufques en 1581. fans que l'on ait pû produire durant cét efpace de trois fiecles aucun titre qui marque ny difference, ny preéminence, ny fuperiorité aucune attachée à fa portion.

4° Que les deux titulaires des deux portions de la Chevecerie-Cure de S. Mederic n'ayant qu'un feul & mefme Benefice, tant en qualité de Curez, qu'en celle de Cheveciers & de Chanoines-femy-prebendés, il ne peut y avoir aucune difference ou inegalité entr'eux, & qu'ils doivent en exercer les fonctions en toute égalité.

5° Que cette verité non feulement n'a receu aucune atteinte, mais mefme qu'elle demeure fortement établie par toutes les pieces que le fieur Roflin a pû ramaffer de tous coftez pour appuyer fes pretenfions.

6° Que l'affociation d'un Coadjuteur par un ancien Curé, eft une fable faite à plaifir, & qu'ainfi cette antiquité de fondation fur laquelle on veut établir une nouvelle fuperiorité eft une pure chimere.

7° Qu'en 1581. Pierre Guiche homme de credit fe fit adjuger deux Feftes au prejudice de Gervais le Poultier fon Confrere, homme notté pour crime, fur le faux principe d'antiquité de fondation, dont on n'avoit jamais parlé jufques alors.

8° Qu'en 1597. Nicolas Guiche fe fit adjuger par forclufion, & par l'acte le plus informe qui fut jamais, tout ce qu'il voulut demander, fur la fable d'un pretendu Coadjuteur.

9° Qu'en 1651. Monfieur du Hamel ayant voulu r'entrer dans fes droicts contre Monfieur Barré Confeiller de la Cour, Chanoine de Noftre-Dame, & fon Ancien de reception, on adjugea deux Feftes à Monfieur Barré par Arreft de provifion.

10° Que Monfieur Amiot ayant pretendu contre la verité que cét Arreft devoit s'entendre de l'office Curial, & ayant eu l'adreffe de faire paffer pour affaire d'Eftat & de Religion tous les démeflez qu'il avoit avec Monfieur du Hamel, il a obtenu tout ce qu'il a demandé, quoy que par provifion feulement.

11° Que Monſieur Roſlin portant encoré plus loin ſes Côtte MM. pretenſions, veut détruire & aneantir le Benefice de ſon Confrere, & s'eriger en qualité de C H E F & de S u p e- R I E u R, ſelon la qualité qu'il ſe donne luy-meſme, preſ- que en toutes les pages de ſes Ecritures, dans leſquelles il traite par tout ſon Confrere de D E'p e n d a n t, de S u b- A L T E R N E, d'I n f e r i e u r, & de C o a d i u t e u r, D E P E T I T E T D E S E C O N D C u R E'.

12° Que l'affaire eſtant preſentement éclaircie, la pre- tenſion du ſieur Roſlin paroiſt & eſt effectivement une des plus grandes chimeres qui puiſſent tomber dans l'eſprit en ces ſortes de matieres.

Voila le fonds & le vray de la choſe ; & tout ce que l'on voudra avancer pour le détruire, aura toûjours le caractere & les livrées du menſonge.

Et c'eſt pourquoy lors que le ſieur Rôlin a pretendu le Contradictions dans leſquelles renverſer, il eſt tombé dans des contradictions groſſieres le ſieur Roſlin & indignes d'un homme de bon ſens. & ſes Advocats ſont tombez.

Il ſe pretend premier & plus ancien Chevecier ; premier Premiere Con- & plus ancien Curé de fondation de l'Egliſe de S. Mede- tradiction. ric, & bien loin de produire le premier titre de fondation qui luy donne cét avantage ; il n'en produit aucun depuis l'établiſſement de la Chevecerie-Cure juſques en l'an 1581. qui aye donné cette qualité à aucun de ſes predeceſſeurs ; & il en produit une infinité par leſquels ils ſont traitez dans la derniere égalité avec leurs Confreres, & dans leſ- quels ils ſont ſeulement qualifiez *alter Capicerius,* qui ſelon qu'il l'explique luy-meſme, & ſelon l'intelligence qu'il a de la pure Latinité, doit ſignifier qu'ils ne ſont que les ſe- conds Cheveciers.

Il veut que ſon Confrere ſoit ſeulement Sous Cheve- Seconde Con- cier, Subalterne, Dépendant, Second, & petit Curé ; & tradiction. pour le prouver il produit pluſieurs actes authentiques par leſquels un de ſes propres predeceſſeurs eſt qualifié par Meſſieurs du Chapitre de Noſtre-Dame : *Subcapicerius Ec- cleſiæ Sancti Mederici,* Sous-Chevecier de l'Egliſe de Saint Mederic.

Il ſouſtient que l'on ne peut pretendre d'autres droicts, Troiſiéme Contradiction.

Cotte MM.

qualitez & avantages dans chaque portion, que ceux dont ont joüy les predeceffeurs de chaque titulaire. C'eft par où il finit le raifonnement de fon ample Inventaire avant que de cotter aucune piece, & il fournit luy-mefme les preuves par lefquelles il eft conftant que fes predeceffeurs ont efté ainfi qu'il les nomme *Seconds Cheveciers, Subalternes, & Subordonnez à leurs Collegues* predeceffeurs du fieur Cocquelin, & produifant luy-mefme les actes par lefquels Denys de Mauregard fon predeceffeur eft qualifié *Sous-Chevecier*, il s'enfuit qu'il doit fe reduire à ladite qualité, & vivre avec fon Confrere dans toute la dépendance & la fubordination qu'il pretend établir.

Quatriéme Contradiction.

Il veut que fes predeceffeurs ayent toûjours eu la préfeance, les droicts, avantages, & prerogatives au deffus de leurs Collegues, predeceffeurs du fieur Cocquelin; & pour le prouver il produit une fucceffion de Cheveciers, par laquelle il paroift que les predeceffeurs du fieur Cocquelin ont precedé les fiens avec tant d'avantage qu'il n'a point veu d'autre moyen de colorer fes pretenfions, que de les prendre pour luy, & de les ofter à fon Confrere.

Cinquiéme Contradiction.

On produit 13. provifions des Predeceffeurs du fieur Ruftin, qui portent *altera portio.*

Il pofe pour principe que ce terme *alter* fignifie fecond, & les pieces qu'il produit prouvent que fes predecefseurs n'ont point eu d'autre qualité que celle de *alter Capicerius*; & que ce mefme terme a efté employé dans la plufpart de leurs provifions.

Il pofe pour un autre principe qui n'eft pas moins caduc que le premier; que fes predecefseurs ont toûjours efté à droit, & qu'en cette qualité ils ont joüy des preéminences & des prerogatives qu'il dit appartenir à cette place, & il

Sixiéme Contradiction.

fe dit fuccefseur de Monfeigneur Maiftre Charles Sac, qui par la provifion de Baudoüin David inftallé à gauche, paroift predecefseur immediat dudit Baudoüin David; d'où il s'enfuit, felon luy-mefme, que ledit Charles Sac doit avoir efté inftallé à gauche, & qu'ainfi cette place a efté accompagnée de la preéminence dont ledit Charles Sac a joüy.

Septiéme Contradiction.

Il nie que le partage de la Cure de S. Mederic ait efté fait par l'authorité des Superieurs canoniquement dans

les regles ; & il veut perſuader qu'un ancien Curé de ladite Egliſe a pris un Coadjuteur , & que c'eſt ce qui a
donné lieu à ce partage ; & il produit un titre formel
des Superieurs meſmes, qui dit en termes exprés, que les
deux Cheveciers ne compoſent qu'un ſeul & unique Paſteur & Recteur qui a eſté de toute ancienneté canoniquement partagé en deux Cheveciers: *ſintque duo Capice-*
rij tanquam unicus Paſtor & Curatus ab antiquo Canonicè diſ-
pertitus in duos hujuſmodi Capicerios ; & il en produit une
infinité qui prouvent la meſme choſe par des argumens
invincibles.

Tout ſucceſſeur qu'il eſt de Mauregard , le Souſcheve-
cier, il ne parle que de SVPERIORITE', *que* D'AU-
THORITE', *que de* PRE'EMINENCE ; Il ſe qualifie
SUPERIEUR, PLUS EMINENT EN DIGNITE',
CHEF ET PREMIERE PERSONNE *de l'Egliſe de S.*
Mederic; Il ne parle de ſon Collegue, que comme de *ſon*
INFERIEVR, *& de ſon* SVBALTERNE , & tous les
titres qu'il produit durant 300. années, traitent les deux
Cheveciers avec la derniere égalité ; les appellent *Conca-*
picerij , ambo Capicerij, duo Capicerij ſeu Rectores ; diſent qu'ils
ne compoſent *qu'un ſeul & unique Paſteur & Recteur* ; &
pour ne donner aucun avantage à l'un ſur l'autre , ils les
traitent indifferemment *d'alter Capicerius.*

Il pretend avoir droit de faire toutes ſortes de fonctions,
dans les ſemaines meſmes de ſon Confrere, & pour le prouver il produit des titres qui deffendent indifferemment à
à l'un & à l'autre de faire aucunes fonctions , quand ils ne
ſeront point en ſemaine, ſans conſentement du Semainier.

Il veut établir par tout des differences & des diſtinctions
d'Office Canonial & Curial , en ordinaire & extraordinaire , afin d'uſurper l'extraordinaire , & ne laiſſer à ſon Confrere que celuy qu'il appelle Curial ordinaire , c'eſt à dire,
ſelon qu'il l'explique luy-meſme , une ſeule Meſſe de Parroiſſe le jour de Dimanche ; & pour prouver cette pretention , il produit des titres qui diſent expreſſément que les
deux Cheveciers-Curez de S. Mederic, ſont égaux dans les
charges & diſtributions, tant ordinaires, qu'extraordinai-

V iij

Cotte MM. res, & que quand les Charges font égalles, les avantages doivent eftre égaux.

Onziéme con-tradiction. Il s'appuye du teftament de Chalop, & felon la fuccef-fion des Cheveciers qu'il établit luy-mefme, il eft conftant par les preuves qu'il en fournit, qu'il n'eft point fon fuc-cefteur.

Douziéme con-tradiction. Il pretend tirer de ce teftament une preuve certaine que Chalop eftoit le plus ancien D E F O N D A T I O N; & par l'addition qu'il fait, de ce terme D E F O N D A T I O N, qui ne s'y trouve point. Il fait voir que quand mefme il feroit fuccefteur de Chalop, il ne pourroit rien conclure d'une expreffion, laquelle, fans la glofe qu'il adjoûte, ne peut favorifer fes pretentions.

Treiziéme contradiction. Il s'authorife d'un plaidoyé, qui dit que Vitervilla prit un Coadjuteur en 1329. & il reconnoift que dés l'année 1300. il y avoit deux Cheveciers à S. Mederic.

Quatorziéme contradiction. Pour fe faire feul S U P E R I E V R de Sainte Avoye, il fe dit fuccefteur de Monfeigneur Henry de Giem, & par le premier titre, où il eft parlé de deux Cheveciers dans S. Mederic en l'an 1300. Ce Monfeigneur Henry de Giem n'eft nommé que le fecond, d'où il s'enfuit, ou qu'il n'eft que le fuccefteur du fecond Chevecier, en cas qu'il y euft un fecond, ou que fon Confrere eft feul Superieur d'une Maifon, dans laquelle il veut ufurper toute l'authorité.

Quinziéme contradiction. Il veut eftre fuccefteur de Monfeigneur Maiftre Charles Sac, & que fon Confrere le foit de Baudoüin David, parce qu'il trouve que Charles Sac Docteur en Theologie, a pre-cedé fes Collegues, quoy qu'ils fuffent fes anciens de rece-ption, & il eft conftant, par la provifion de Baudoüin Da-vid, qu'il a efté fuccefteur immediat de Charles Sac, dans la mefme portion.

Seiziéme contradiction. Il veut que la feance à droit foit fixe, & qu'elle emporte prerogative & préeminence entre les deux Cheveciers de S. Mederic, & il prouve luy mefme que Charles Sac, Iean de Lolive, Iean Riviere, & Iacques Branlard ont eû la préeminence fur leurs Confreres, quoy que predecefteurs de Baudoüin David, qu'il prouve avoir efté inftallé à gauche.

Il pretend qu'en 1293. Sequence eftoit feul Chevecier, *Cotte M M.* & que mefme jufques en 1300. il n'y en avoit qu'un. Il re- Dix-feptiéme contradiction. connoift qu'en ladite année 1300. il y en avoit deux ; d'où il s'enfuit neceffairement que le partage a efté fait dans cét entre-temps, felon qu'il en demeure luy-mefme d'accord : Qu'ainfi, felon toutes les apparences, *Reginaldus de Nigella, & Henricus de Giemo*, doivent avoir efté les deux premiers ; & puis qu'il prend Henry de Giem pour fon predeceffeur, qui n'eft nommé qu'après *Reginaldus de Nigella*, dans l'acte authentique de l'affemblée Capitulaire de S. Mederic de l'année 1300. fi l'un des deux eft Coadjuteur de l'autre ; il s'enfuit qu'il n'eft que le Coadjuteur de fon Confrere.

Il veut eftre fucceffeur de Molanis & de Chalop, & il eft Dix-huictiéme contradiction. certain que Molanis a efté predeceffeur de Raoul de bon Sens ; lequel, & felon la verité, & felon la production de M. Roflin en la Cotte B, a efté Collegue & Contempo-rain de Chalop.

Il veut que fon Confrere foit fucceffeur de Mauregard, Dix-neufiéme contradiction. qu'il prouve avoir efté qualifié Soufchevecier, & il recon-noift que Meffier, du Drac, Raincy & Guiche font fes predeceffeurs, lefquels font manifeftement fucceffeurs de Mauregard.

Il produit des actes des années 1598. & 1602. par lefquels Vingtiéme contradiction. il pretend prouver que Phanuël predeceffeur de fon Con-frere a acquiefcé à la pretenduë Sentence de 1597. & il pro-duit d'autres actes fous la mefme Cotte qui prouvent que Phanuël a contefté au moins jufques en 1610.

Enfin, il veut authorifer les Iugemens dont eft appel, Contradiction generale. par ce qui les a precedé, & il ne produit rien qui ne les détruife.

Si les Advocats de Monfieur Roflin avoient à s'expli-quer fur ces contradictions, ils ne manqueroient pas de les imputer à L'ESPRIT DE PRÉOCCVPATION, *dont ils diroient qu il faut eftre* POSSEDE'. Ils exerceroient fans doute fur un fi beau fujet leur eloquence injurieufe, & les termes DE PASSION ET D'AVEUGLEMENT, compoferoient la plus grande partie de leurs periodes; mais comme on s'eft abftenu de les imiter jufques à prefent, on ne changera pas de conduite, on demandera seulement à Monsieur Roslin s'il ne croit pas que son Confrere peut à present luy dire, avec assez de justice, ce qu'il dit de son Confrere, sans aucun fondement, au feüillet 59. de son inventaire, qu'il s'est condamné' luy-mesme par les principes qu'il a establis; & l'on finira cette discussion de ses propres titres, par une comparaison dont il a suggeré l'idée au feüillet 20. & qui se presentera assez naturellement à l'esprit de ceux qui auront bien voulu entrer dans le fonds de l'affaire dont il s'à-git; elle luy paroistroit peut-estre assez juste dans la cause d'un autre, & peut-estre que les autres la trouveront assez naturelle dans la sienne.

On ne peut donc s'empescher de se representer le composé des pretentions chimeriques du S. Roslin, comme le corps d'un bastiment, que ses derniers predecesseurs, & luy se sont efforcez d'élever; mais comme ces sortes d'édifices ne peuvent avoir de fondement solide, qu'autant qu'ils sont appuyez sur la verité; celuy de la superiorité imaginaire, & de l'antiquité de fondation d'un Chevecier-Curé de S. Mederic, s'est trouvé basty sur le sable, & pour luy donner quelque consistance, ceux qui ont entrepris de l'élever, ont imité ceux qui veulent construire quelque édifice sur un terrain mouvant. Ils attachent quelque pieces les unes aux autres, par des liens & des jointures; & sur ces sortes de fondemens, ils construisent un bastiment qu'ils élevent differemment selon leurs differens projets; mais s'il arrive, comme le Fils de Dieu luy-mesme le décrit, que les eaües viennent avec impetuosité frapper les pieces qui servent de fondement à cét édifice; si les vents en brisent les liens, cette pauvre machine se détruit, & se confond avec d'autant plus de desordre, qu'on avoit voulu luy donner plus d'élevation.

Il y a lieu d'esperer qu'il en sera à peu prés de mesme de cét edifice monstrueux de la primatie affectée, & de la superiorité imaginaire que les derniers predecesseurs du sieur Roslin & luy ont entrepris d'élever sur leur Collegues; comme ils n'ont pû luy donner la verité pour fondement,

ils

ils ont eſſayé de l'eſtablir ſur des pieces ſuppoſées, ils l'ont *Cotte M M.*
fondé ſur les advantages meſmes des predeceſſeurs de leurs
Confreres, ils en ont attaché les pieces par les liens d'une
fiction imaginaire, & par des raiſons purement chimeriques : Cét edifice a ſubſiſté durant quelques années par le
hazard & la conjoncture des temps, mais enfin la confuſion s'eſtant miſe dans cette Babel, par ceux meſmes qui
vouloient y mettre le comble ; la verité comme un torrent
ayant emporté ce qui luy ſervoit de fondement & de baſe,
& le ſoufle de la raiſon en ayant rompu tous les liens ; cét
edifice mal-fondé ſe trouve menacé d'une ruïne prochaine
qui paroiſtra dautant plus honteuſe, que l'on ſe diſpoſoit
à luy donner plus d'élevation & à le deffendre avec plus de
fierté.

Mais puis que l'ordre doit naiſtre de ce debris, & que
l'ordre eſt le fondement de la paix, ce debris ne peut eſtre
qu'heureux pour ceux qui la deſirent veritablement : C'eſt
pourquoy le ſieur Cocquelin ſupplie tres-humblement
Meſſieurs les Arbitres de poſer par leur deciſion tous les reglemens qu'ils jugeront neceſſaires, pour eſtablir entre
luy & ſon confrere tout ce qui pourra les mettre eux &
leurs ſucceſſeurs dans une heureuſe neceſſité de n'avoir
plus de differens ; il ſoumet plainement toutes ſes penſées,
& tout ce qui luy a parû de plus ſolide & de plus certain
dans la diſcuſſion de cette affaire, aux lumieres qu'ils auront dans l'examen qu'ils feront des titres & des pieces des
deux productions ; & il renouvelle icy l'engagement qu'il
a bien voulu contracter par le compromis de ſouſcrire ſans
reſerve à tout ce qu'ils eſtimeront devoir ordonner, pour
rendre le calme & la paix à une pauvre Egliſe, qui ſe trouve
agitée depuis prés d'un ſiecle, de tous les deſordres qui ont
pû ſuivre la diviſion de ſes Paſteurs.

Cette deciſion eſt plus importante qu'elle ne paroiſt, il
ne s'agit pas ſeulement de regler les differents de deux
particuliers ; mais il s'agit d'arreſter le cours d'une infinité de ſcandales, de contribuer au repos d'un grand
nombre de perſonnes qui par differentes raiſons ne pren-

X

Cotte M M. nent que trop de part dans l'affaire de leurs Pafteurs, &
de mettre deux Curés en eftat de faire tout le fruit qu'ils
font capables de procurer dans leur employ, pour travailler en paix & à leur falut, & à celuy du peuple qui leur eft
confié: Ces confiderations peuvent exciter Meffieurs les
Arbitres à porter un jugement qui termine pleinement
tous les differens des deux Curés de faint Mederic; c'eft la
tres-humble priere que leur fait le fieur Cocquelin, dans le
deffein fincere de fe foumettre parfaitement à tout ce qu'il
leur plaira d'ordonner.

AVIS SVR LE PRESENT ECRIT.

COMME *on a fuivy dans cette Difcuffion l'Inventaire de Production de M. Roflin, & qu'il eft diftingué en plufieurs Cottes, on a crû qu'il n'eftoit pas neceffaire de divifer cét écrit en plufieurs Articles ou Chapitres, dans la pensée que la diftinction des Cottes differentes fuffiroit pour délaffer les yeux & l'efprit de ceux qui voudront en prendre la lecture.*

Que fi l'on trouve que les chofes meritent un plus grand éclairciffement, on pourra donner une addition de Factum, dans laquelle on traitera fuccintement en douze petits Articles les douze Chefs qui font marquez dans la prefente Difcuffion page 153. dans lefquels confifte toute l'affaire des deux Curez de S. Mederic; & on pourra les prouver par toutes les pieces des deux Productions.

On croit neantmoins que cela ne fera pas neceffaire, & qu'il n'y aura perfonne qui ne demeure perfuadé, apres la lecture de cét écrit, de la juftice des pretentions du fieur Cocquelin.

Ceux qui ne voudront pas le lire tout entier, pourront fe contenter de voir les Cottes A. B. F. H. L. R. S. A A. avec la conclufion, en commençant par ladite page 153. & l'on croit qu'ils feront convaincus du peu de fondement de toutes les Pretentions du fieur Roflin.

Si l'on a dit quelque chofe en certains endroits qui paroiffe un peu fort, on declare que l'on n'a point eu d'autre deffein que de répondre à ce qui a efté avancé dans les écrits de M. Roflin; que l'on n'a point pretendu offenfer ny luy ny perfonne; & que l'on eft preft de s'expliquer fur toutes les chofes dont luy ou Meffieurs fes Advocats pourroient avoir un jufte fujet de fe plaindre.

FIN.

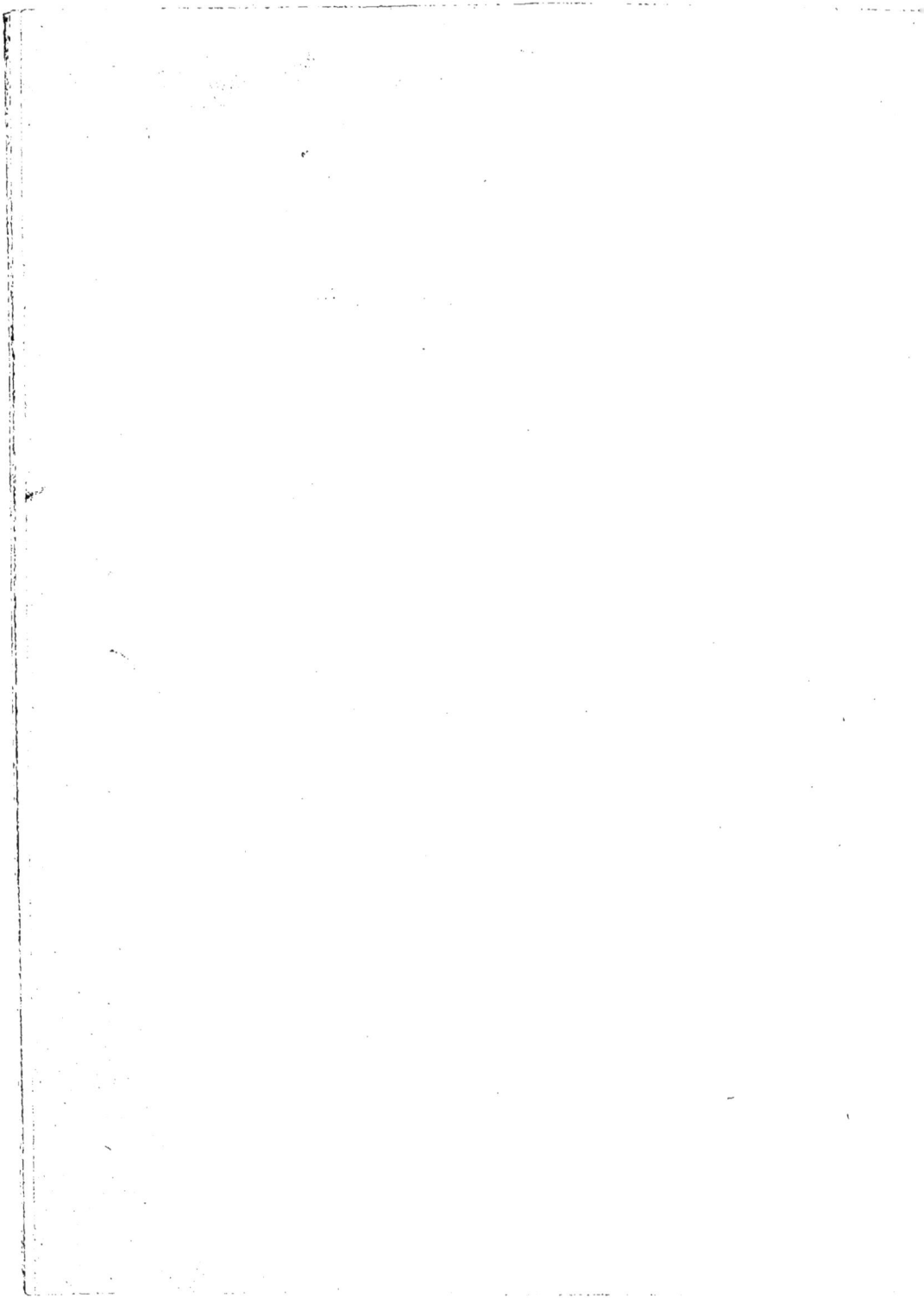